한국의 독자들에게

　애덤 스미스의 숨은 걸작인 『도덕감정론』은 1759년에 출간
되었습니다. 그는 무엇이 우리를 '인간'답게 만드는지, 그리고
우리가 나 자신이 누구인지를 이해하는 것이 어떻게 좋은 삶을
사는 데 도움이 되는지에 대한 깊고 놀라운 통찰력을 가지고
있었습니다.

　제가 이 책을 쓴 이유는 이러한 애덤 스미스의 깊은 통찰을
오늘날 우리 삶에 적용할 수 있기를 원했기 때문입니다.

　그의 철학이 오늘날에도 여전히 유효할지 궁금하신가요?
판단은 독자 여러분께 맡기겠습니다. 『도덕감정론』이 출간된
이후 265년이 흐르는 동안 인간의 본성은 변하지 않았기 때문
에, 저는 스미스의 지혜가 시대를 초월해 우리에게 깊은 깨달
음을 줄 수 있다고 생각합니다. 부디 제 책을 읽는 한국의 독자
모두가 삶을 실제로 변화시키고, 더 나은 방향으로 나아갈 수
있는 힘을 발견하시길 기원합니다.

모두가 사랑스러워지길

러셀 로버츠

Adam Smith's little-known masterpiece, The Theory of Moral Sentiments, was published in 1759. Smith had deep insights into what makes us who we are, and how understanding who we are can help us live a good life.

The goal of my book is to take the deepest insights of Smith and apply them to our lives today. Are those insights still relevant? That's for you to judge. But because human nature hasn't changed in 265 years, I think Smith's wisdom is timeless. I hope you find something here that will indeed change your life, and change it for the better.

Be lovely,

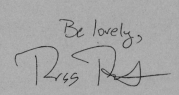

내 안에서 나를 만드는 것들

The Theory of Moral Sentiments, originally written by **Adam Smith**

지금 가까워질 수 있다면
인생을 얻을 수 있다

러셀 로버츠 지음 · 이현주 옮김

내 안에서 나를 만드는 것들

The goal of my book is to take the deepest
insights of Adam Smith and apply them to
our lives today. - **Russell Roberts**

세계사

| 차례 |

‖ 1장 ‖ 어떻게 우리의 삶이 바뀔 수 있는가   9

• 자본주의, 그리고 인생철학
• 이제야 만난 숨겨진 보물
• 내 인생을 바꿀 기막힌 여정

‖ 2장 ‖ 나에게 질문하는 시간   29

• 새끼손가락 vs. 수만 명의 목숨
• 공정하게 나를 관찰하는 사람이 있다
• 장발장의 노래에서 깨달은 사실
• 실수를 인정할 때 보이는 것들

‖ 3장 ‖ 행복을 위한 새로운 우선순위   61

• 우리가 인생에서 간절히 원하는 것
• 사랑받는 사람은 무엇이 다를까
• 위험한 칭찬의 함정

‖ 4장 ‖ 진짜와 가짜 구별하기   85

　• 자아도취가 불러오는 비극
　• 두 자매의 엇갈린 본심
　• 거울을 봐도 내가 안 보일 때
　• 나심 탈레브의 뼈아픈 충고

‖ 5장 ‖ 잘되는 사람은 어떤 선택을 할까   117

　• 사람들이 부와 명예를 추구하는 진짜 이유
　• 돈에 대한 애덤 스미스의 생각
　• 왜 우리는 유명인에게 열광하는가
　• 진정 통하는 것은 따로 있다

‖ 6장 ‖ 사랑받는 사람이 되는 법   169

　• 적절과 부적절의 경계는 어디인가
　• 감정의 조절이 빚어내는 마법
　• 기쁨과 슬픔의 벽

‖ 7장 ‖ 끌리는 사람들의 공통점　　　　　　203

　　• 스스로 삶의 품격을 높이는 법
　　• 생활에서 실천하는 정의의 원칙
　　• 무엇이 과연 진정한 선행인가
　　• 우정이라는 인생 최고의 헌사

‖ 8장 ‖ 불확실한 세상을 잘 살아가려면　　233

　　• 세상의 질서는 어떻게 만들어지는가
　　• 또 하나의 '보이지 않는 손'
　　• 인간이 가진 가장 위대한 장점

‖ 9장 ‖ 살기 좋은 사회가 만들어지는 과정　　269

　　• 모두가 기억해야 할 '체스판의 오류'
　　• 태생적인 치유의 힘이란
　　• 무엇이든 자기 원칙에 따를 권리

‖ 10장 ‖ 현재의 우리를 위한　　　　　　287
　　　　애덤 스미스의 따뜻한 조언

　　• 『도덕감정론』과 『국부론』의 차이
　　• 상황에 따라 달라지는 관계들
　　• 인생이 주는 혜택을 제대로 누리려면

인생은 한 권의 책과 같다.

어리석은 자는 마구 넘겨 버리지만,

현명한 자는 열심히 읽는다.

인생은 단 한 번만 읽을 수 있다는 것을 알기 때문이다.

– 장파울 –

How Adam Smith
Can Change
Your Life

어떻게
우리의 삶이
바뀔 수
있는가

인간이 아무리 이기적인 존재라 할지라도,

다른 사람의 운명에 관심을 갖게 하는

어떤 원칙이 인간의 본성에는 분명히 있다.

행복하고 좋은 삶이란 어떤 것일까? 종교와 철학을 비롯하여 수백 권의 자기계발서까지 이 질문에 대한 해답을 주고자 애쓰지만 글쎄, 그 어디에도 명쾌한 답은 없는 것 같다. 행복의 진짜 의미는 무엇일까? 돈을 많이 벌거나 사회적으로 권위 있는 직업을 갖는다는 걸까? 또 좋은 삶이란 어떤 의미일까? 선의를 베풀 줄 안다는 의미, 즉 다른 사람들을 돕고 더 좋은 세상을 만드는 데 기여한다는 뜻일까?

현대인이라면 누구나 한 번쯤 고민해보는 명제가 아닐 수 없다. 그런데 이것이 비단 오늘을 사는 우리만의 고민은 아니었다. 250년 전, 스코틀랜드의 한 도덕철학자는 『도덕감정론 The Theory of Moral Sentiments』이라는 책에서 이 질문들을 정면으로 다루었다. 저자는 바로 우리가 익히 들어 알고 있는 애덤 스미스Adam Smith. 그는 이 책을 통해 도덕적인 마음은 어디에서 비롯되는지, 그리고 왜 사람들이 자기 이익과 상관없는 일에도 예의 바르고 선하게 행동하는지에 대해 설명했다.

『도덕감정론』은 심리학과 철학, 그리고 오늘날 행동경제학이라 불리는 학문을 모두 담아낸 고전 중의 고전이다. 이 책의 곳곳에 부와 행복의 추구, 우정 그리고 미덕에 대한 스미스의 풍부한 식견이 묻어 있다. 스미스는 독자들에게 두 가지 질문에 관한 답을 친절하게 알려주고 있다.

'행복하고 좋은 삶이란 구체적으로 무엇을 말하는가.'
'어떻게 하면 그런 삶을 살 수 있는가.'

18세기 당시만 해도『도덕감정론』은 대단한 성공작이었지만, 오늘날에는 사실상 거의 잊힌 책이다. 애덤 스미스하면 누구나 그의 두 번째 책인『국부론An Inquiry into the Nature and Causes of the Wealth of Nations』을 떠올리지『도덕감정론』이란 책이 있다는 건 알지도 못한다. 책이 별로여서가 아니라『국부론』의 명성에 묻힌 탓이다. 실제로 애덤 스미스는 1776년에 출간한『국부론』덕에 시대를 초월한 명성을 얻었고 '경제학의 창시자'라는 타이틀을 얻었다. 요즘에는 『국부론』을 읽는 사람이 거의 없지만, 그럼에도 불구하고 이 책이 시대를 초월한 훌륭한 고전임을 부인할 이는 없을 것이다. 그러나 안타깝게도 스미스의 또 다른 작품인 『도덕감정론』을 읽거나 들어본 사람을 찾는 일은 하늘의 별 따기만큼 어렵다.

경제학자라고 해서 크게 다르지 않다. 다들 경제학자라고 하면, '경제학의 아버지가 쓴 고전 정독은 기본 아니겠어?'라고 생각할 텐데, 부끄럽게도 나는 최근까지 『도덕감정론』이란 책을 읽기는커녕 이 책의 존재 자체도 잊고 지냈다. 나만 그러냐 하면 그것도 아니다. 내가 아는 다른 경제학자들 역시, 제목만 거창했지 경제학과 크게 상관도 없고 유명하지도 않은 『도덕감정론』이라는 책을 백이면 백 거의 알지 못한다. 이렇듯 멀게만 느껴졌던 나와 『도덕감정론』과의 관계는 어떻게 좁혀졌을까?

어느 날 조지 메이슨 대학교 교수인 친구 댄 클라인Dan Klein 이 내게 흥미로운 제안을 해왔다.

"〈이콘토크EconTalk〉에서 『도덕감정론』에 관해 얘기해보는 건 어때?"

〈이콘토크EconTalk〉는 내가 매주 방송하는 팟캐스트다. 나는 매주 한 사람의 인사를 초청한 뒤 그와 특정 주제로 인터뷰하는 형식의 방송을 하고 있었다. 댄은 자신을 초대 손님으로 부른 날에 『도덕감정론』에 대해 얘기하자고 했다. 나는 나쁘지 않다는 생각이 들어 망설이지 않고 그러자고 답했다. 이참에 30년 전에 구입해서 한 번도 들춰보지 않고 책장 한 귀퉁이에 꽂아둔 『도덕감정론』을 읽어봐야겠단 생각이 들었다. 그러니까 나는 그 책을 사두긴 사두었다.

당시에는 모름지기 경제학자라면 애덤 스미스의 저서 두 권은 갖고 있어야 한다고 생각했던 것이다. 그렇게 나는 먼지가 켜켜이 쌓인 『도덕감정론』을 책꽂이에서 빼낸 뒤, 첫 페이지를 펼치고 읽기 시작했다.

> 인간이 아무리 이기적인 존재라 할지라도, 다른 사람의 운명에 관심을 갖게 하는 어떤 원칙이 인간의 본성에는 분명히 있다. 또 자신에게 아무런 이득이 없을지라도 다른 사람을 행복하게 만들어주고자 한다.

이 부분을 두 번이나 꼼꼼히 읽고 나서야, 나는 스미스가 하려는 말이 정확히 뭔지 이해할 수 있었다. 사람들은 아주 이기적인 동물이기도 하지만, 그와 동시에 다른 사람의 행복을 바란다는 뜻이었다.

'음, 말이 되는군.'

고개를 끄덕이면서 다음 문장을 계속 읽어나갔다. 하지만 3페이지까지 읽은 후 책을 덮어버렸다.

두 번째 부끄러운 고백인데, 당시에는 스미스가 무슨 얘기를 하는지 도통 이해할 수가 없었다. 이 책은 엄청난 인내심을 갖고 중간까지 읽어야 비로소 본격적인 내용이 시작된다. 처음부터 재미있고 흥미진진한 『국부론』과는 달리, 『도덕감정론』은 얘기가 아주 지지부진하게 진행된다. 불안감이 밀려들었다. 친구의 제안에 동의하지 말았어야 했나 싶었다. 이 책을 이해할 수 있다는 확신이 들지 않을뿐더러 페이지를 넘길수록 황당하단 생각만 들었다. 댄에게 전화를 걸어 인터뷰를 취소해야 하나?

하지만 친구와의 약속을 저버릴 순 없지. 일단은 무슨 수를 써서라도 이 책을 완독한 후 방송을 해야 했다. 나는 숨을 고른 후, 다시 책을 펼쳤다. 허덕거리며 수십 페이지를 읽어 내려간 후에야 스미스가 무슨 말을 하려고 하는지 조금씩 이해가 되기 시작했다. 그리고 마침내 3분의 1쯤 읽었을 때, 이 책에 완전히 홀딱 빠져들어 버렸다. 급기야 딸아이가 선수로 출전한 축구 경기장에도 나는 이 책을 들고 갔다. 그리곤 하프

타임은 물론, 딸이 뛰지 않는 막간을 틈타 미친 듯이 읽어댔다. 심지어는 인간관계를 잘 맺는 방법에 대한 스미스의 지침을 아내와 아이들에게 들려주고 싶은 나머지, 저녁 식사 시간에 몇 구절을 낭독하기도 했다. 읽으면서 마음에 들거나 절로 감탄사가 나오는 수많은 문장에는 일일이 볼펜으로 표시를 해두었다. 그랬더니 어느덧 책의 여백은 총총한 별과 크고 작은 느낌표들로 가득 채워지기 시작했다. 마침내 책을 독파했을 때는 감정에 복받쳐 지붕 위에 올라가 크게 소리치고 싶었다.

'정말 놀라워! 숨겨진 보물을 이제야 찾아내다니! 이건 다른 사람들도 무조건 꼭 읽어야 해!'

내가 이 책에 탄복한 건, 애덤 스미스가 나로 하여금 사람들을 바라보는 방식을 바꾸어놓았기 때문이다. 그리고 더 중요한 것, 이 책은 나 자신을 바라보는 방식을 바꾸어놓았다. 스미스 덕분에 비로소 나는 사람들과 어떻게 소통해야 하는지 알게 됐다.

전에는 전혀 몰랐던 것들이다. 그는 돈, 야망, 명예, 미덕을 어떻게 다뤄야 하는지에 대해 시대를 초월한 현실적인 방법과 해결책을 제시한다. 어떻게 하면 행복해질 수 있는지, 어떻게 물질적인 성공과 실패를 다루어야 하는지를 알려준다. 또 선량하고 미덕을 갖춘 삶이 어떤 것인지, 나아가 그런 삶의 가치에 대해 설명한다.

나는 애덤 스미스 덕분에 휘트니 휴스턴Whitney Houston과 메릴린 먼로Marilyn Monroe가 왜 불행했는지, 그리고 그들의 죽음에 왜 그토록 많은 사람들이 슬퍼했는지 이해하게 되었다. 내가 왜 아이패드와 아이폰에 애착을 갖는지, 모르는 사람에게 나의 문제를 털어놓고 나면 왜 마음이 차분해지는지, 사람들이 속으로는 별의별 끔찍한 생각을 다 해도 행동으로는 왜 옮기지 못하는지도 알게 되었다. 또 왜 사람들이 정치인을 존경하는지, 도덕이 이 세상의 구조 속에 어떻게 자리 잡고 있는지도 이해하게 됐다.

어떤 국가는 부자인데 왜 어떤 국가는 가난한지에 대한 이유를 밝힌, 엄청나게 유명하고 훌륭한 책을 쓴 덕에 애덤 스미스는 '자본주의의 아버지'로 불린다. 그럼에도 불구하고 『도덕감정론』에서의 애덤 스미스는 행복을 얻기 위해 돈을 따르는 삶이 얼마나 헛된지에 대해 그 누구보다도 설득력 있게 말해준다.

여기서 하나의 의문점이 생긴다. 자본주의를 추구하고 이기심을 키우는 데 더없이 크게 일조한 애덤 스미스가 어떻게 물욕의 덧없음을 강조할 수 있을까? 이것은 매우 흥미로운 부분이다. 앞으로 이 퍼즐을 나와 함께 서서히 풀어가보자.

자본주의, 그리고 인생철학

애덤 스미스는 개인적으로 비교적 평범하게 살았다. 그는 1723년 스코틀랜드 커콜디에서 태어났는데, 그의 아버지는 스미스가 태어난 지 몇 달 후에 세상을 떠났다. 14세 때 글래스고 대학으로 진학한 뒤 옥스퍼드에서 공부를 이어가던 그는 에든버러 대학에서 교수로 임용되면서 고향인 스코틀랜드로 다시 돌아왔다. 그러다 1751년에 글래스고 대학으로 옮겨 논리학을 가르치다 나중에는 도덕철학을 가르쳤다. 그는 글래스고 대학에서 제공해준 집에서 어머니, 이모와 함께 살았다.

1763년, 스미스는 교수직을 그만두고 젊고 부유한 버클루 공작Duke of Buccleuch의 개인 교수가 됐다. 수입으로만 따지자면 대학교수직보다 훨씬 더 나은 일이었다.

당시 45세였던 스미스에게 개인 교수일은 삶에 방점을 찍은 극적인 변화였을 것이다. 동시대의 부유하고 유명한 사람들의 생활방식을 아주 가까이서 지켜볼 수 있었기 때문이다. 스미스는 2년 반 동안 젊은 공작과 함께 프랑스와 스위스를 여행했고, 볼테르Voltaire, 프랑수아 케네François Quesnay, 안-로베르-자크 튀르고Anne-Robert-Jacques Turgot 등, 당대 위대한 유럽의 지식인들과 두루 만났다. 그리고 유럽에서 돌아온 후

10년 동안 커콜디에서 지냈고 런던으로 가서 『국부론』 집필에 몰두했다.

1778년, 스미스는 어머니와 사촌들과 함께 살기 위해 런던에서 다시 에든버러로 옮겨갔다. 그리고 그해에 스코틀랜드 관세국장으로 임명되어 밀수품을 찾아내고 관세를 징수하는 관료들을 관리했다. 세계 정치경제사에 엄청난 영향력을 끼친 자유무역 옹호자 애덤 스미스가, 정부를 위해 밀수품 반입을 저지하고 수입업자로부터 세금을 걷으며 생애 마지막 시간을 보냈다니! 사뭇 아이러니한 일이 아닐 수 없다.

동시대의 유럽인들과는 달리 스미스는 꽤 따분한 삶을 산 것 같다. 그가 거친 대학 강사와 교수, 그리고 개인 교수라는 직업이 현실과 다소 동떨어져 있는 탓이다. 경제학자인 조지프 슘페터Joseph Schumpeter는 스미스에 대해 다음과 같은 글을 남겼다.

'어머니를 제외하면 그의 인생에서 특별한 여자는 없었다. 그에게 인생의 화려한 매력과 열정이란, 문학에서나 느낄 수 있는 감정이었을 것이다.'

슘페터의 표현이 다소 과장되긴 했지만, 스미스가 평생 독신으로 산 건 사실이다. 1790년, 67세의 나이로 세상을 뜰 때까지 그는 혼자였다.

그렇다면 그의 내적인 삶은 어땠을까? 그는 일기나 어떤 기록도 남기지 않았다. 자신의 개인 서류를 모두 없애달라고 유언했기 때문이다. 그나마 예외적으로 전해진 편지도 대부분 사무적인 짧은 글이다. 가장 친한 고향친구이자 위대한 철학자인 데이비드 흄David Hume에게 쓴 편지도 그랬다.

이렇듯 스미스는 겉보기에는 풍부한 인생 경험과는 거리가 먼 무미건조한 사람 같다. 그런 사람이 어떻게 인간관계에 관해 그토록 통찰력 있는 생각을 해낼 수 있었을까?

『도덕감정론』을 보면 이런 의문이 쉽게 해소된다. 1759년에 처음 출간된 이 책은 여섯 번에 걸쳐 개정판이 나왔고, 스미스가 세상을 떠난 1790년에 마지막 개정판이 출간되었다. 그리고 마지막 개정판에서 그는 상당히 많은 내용을 고쳤다. 그러므로 『도덕감정론』은 애덤 스미스 생애 첫 번째 저서이자 마지막 저서인 셈이다.

왜 그가 한창 학문에 전념했던 젊은 시절이 아니라 인생의 말년에 그 책을 고쳤는지, 나는 알 것 같다. 문학가 윌리엄 포크너William Faulkner가 '자신과 충돌하는 인간의 마음'이라 표현한 바 있는, 인간 본연의 밝고 어두운 면과 심적 동기에 대해 고민하기 시작하면, 그때부터 다른 생각은 끼어들기 힘든 법이다. 또 이웃을 이해하고 자기 자신을 이해하려고 애쓰다 보면 세월이 가는 것도 잊게 된다. 친구, 가족, 동료, 그리고 모르는 사람들과의 상호작용에 깊은 관심을 가지면, 생각을 곱씹어보고 연구해야 할 자료가 날마다 새롭게 나타나기 때문이다. 그러니 인생의 말년까지 그는 책을 고치고 또 고치느라 바쁘게 살았을 것이다.

이제야 만난 숨겨진 보물

『도덕감정론』을 읽으면 인생의 의미와 도덕, 그리고 사람들의 행동 방식은 18세기나 지금이나 크게 변하지 않았음을 알 수 있다. 역시 진정한 현자란, 사후 200년이 지나도 사람들의 큰 관심을 받는다. 시대를 막론하고 불변의 지혜를 알려주기 때문이다.

스미스가 정말로 글을 잘 쓰는 명필가란 사실 역시 이 책을 읽는 즐거움을 배가시킨다. 그는 풍자적이고 재미있는 달변가다. 스미스에게 촌철살인의 경고를 듣는 순간, 뭔가 뒤통수를 얻어맞는 듯한 충격에 빠질 것이다. 그러고는 이내 은밀하게 숨겨진 지혜의 원천을 발견한 쾌감에 짜릿해질 것이다. 마치 성공한 도시 남자 브루스 웨인Bruce Wayne(영화 〈배트맨〉의 주인공 – 옮긴이)에게서 은밀하게 숨겨진 배트맨의 모습을 발견한 것 같은 기쁨이랄까.

이렇게 장점이 많은 책인데 왜 『도덕감정론』은 널리 알려지지 않았을까? 우선 스미스가 알려주는 행복, 미덕, 자기 인식에 이르는 지침들이 지금의 시각에선 조금 고리타분하게 느껴질 수 있다. 게다가 그 지침들은 여러 시행착오를 거친 다음에야 겨우 지킬 수 있을 만큼 실행이 쉽지도 않다.

문장과 표현 또한 18세기 책이라는 사실을 드러내기라도 하듯 다소 건조하다. 책 속 내용 역시 가끔 가던 길을 되돌아가기 때문에, 책을 읽다 보면 앞에서 본 것 같은 내용이 다시 나온다. 그러니 성질 급한 현대인들이 인내심을 갖고 읽기엔 버거운 책이다.

당시에는 학술적 논문을 집필하던 스미스와 지적 경쟁을 벌인 다른 저자들도 많았다. 버나드 맨더빌Bernard Mandeville, 프랜시스 허치슨Francis Hutcheson, 스토아학파 학자들 등 인간에 대해 독특한 시각을 지녔던 그들은 인간의 동기에 대해 각자 활발한 이론들을 주창했지만, 대부분 잊힌 지 오래다. 스미스는 영리하게도 책의 꽤 많은 페이지를 할애해 자신의 이론과 통찰력이 경쟁자들보다 어떤 면에서 더 바람직한지 설명했다. 『도덕감정론』이 그렇고 그런 보통의 자기계발서와 다를 수밖에 없는 이유다.

　나는 진심으로 많은 사람들이 『도덕감정론』을 읽었으면 좋겠다. 적당한 가격의 훌륭한 개정판이 지금도 계속 출간되고 있으며, 각종 경제학 정보를 검색할 수 있는 사이트인 이콘립 econlib.org에서는 원본 텍스트를 무료로 읽을 수 있다. 『도덕감정론』에서 느낄 수 있는 스미스의 시적인 표현은 참 매력적인데, 전문 작가라고 해도 손색이 없을 만큼 명품 문장가로서의 면모 역시 그의 명성에 한몫했을 것이 틀림없다.

　거듭 말하지만, 21세기의 사람들에게 이 책의 예스러운 문장들이 부담스러울 수 있다. 문장들이 대체적으로 긴 편인데, 익숙해지지 않으면 한 번에 이해하기 힘든 구조여서 읽어내려면 많은 시간과 인내심이 필요하다. 바쁜 시간을 쪼개 원본을 전부 읽을 엄두를 못 내는 독자들을 위해, 그의 통찰력이 빛나는 훌륭한 원본 문장들을 이 책에서 소개할 것이다.

　내가 이 책에서 성실히 수행하고자 하는 주된 임무는, 『도덕감정론』에서 현재 우리에게 도움 될 만한 보석 같은 내용들을 찾아내는 것이다. 다들 자신이 특별하다고 생각하겠지만 사람 사는 일은 사실 크게 다르지 않다. 사람들 각자가 지닌 약점과 장점은 거의 비슷하게 마련이니까.

　따라서 내가 스미스로부터 나 자신에 대해 무언가를 배웠다면, 당신 역시 스미스로부터 자신에 대해 무언가를 배울 수 있다. 그래서 나는 당신이 원하는 방식으로 당신을 대할 수 있고, 당신 역시 같은 방법으로 나를 대하는 방식을 알 수 있다. 무엇보다 애덤 스미스는 무엇이 사람을 행복하게 하는지, 무엇이 사람의 인생에 의미를 부여하는지 알아내고자 했다. 그리고 단언컨대 이런 것들은 결코 관념적인 게 아닌, 세상을 살아가는 데 필요한 유용한 것들이다.

내 인생을 바꿀 기막힌 여정

도덕과 인간의 심리적 본성을 다룬 이 책이 애덤 스미스 최고의 유산인 경제학과 무슨 관계가 있는지 여전히 의아할 것이다. 하지만 현대의 행동경제학자들이 연구하는 경제학과 심리학의 경계선, 바로 이 부분이 스미스가 이 책을 통해 연구했던 분야다.

21세기의 경제학자들은 금리를 예측하고, 실업률을 낮추는 정책을 제안하며, 정책의 충격을 완화하고, 다음 분기의 GDP(국내총생산)를 예측하려고 애를 쓴다. 때때로 주식 시장이 왜 오르내리는지도 설명한다. 그래서 경제학은 주로 돈에 관한 학문이라는 편견 아닌 편견이 생겼다.

경제학자들은 여기저기에 한마디씩 보태느라 엄청 분주하면서도 정작 특출나게 잘하는 건 없는 것처럼 보인다. 그러면서 자기주장만 강해 보일 때도 많다. 그러니 보통 사람들의 눈에 비친 경제학자들이란, 미래를 정확히 예측하는 학자도 아니고, 사회라는 엔진을 조종하는 최고의 엔지니어도 아닌, 이도 저도 아닌 모습일 것이다. 안타깝기 그지없지만 나 역시 경제학자들이 언론과 대중의 기대에 제대로 부응하지 못하는 점을 인정한다.

하지만 경제학자에 대한 오해들도 분명히 있다. 사람들은 경제학을, 내부구조를 터득하면 조작이 가능한 기계처럼 생각한다. 하지만 정확한 예측을 원하는 대중들에게 경제학자들은 구체적인 답을 줄 수 없다. 경제는 조작과 예측이 가능한 기계가 아니기 때문이다. 그러니 대침체를 예측하지 못하고, 대침체에서 탈출할 동일한 해법을 제시하지 못할뿐더러 회복 과정 역시 예견하지 못할 수밖에. 따라서 경제학자들은 경제학이 가진 이런 한계를 순순히 인정해야 하며 더불어 겸손해져야 한다.

그럼에도 불구하고 경제학은 상당히 유용한 학문이다. 사람들이 일반적으로 경제학에 대해 기대하는 부분, 콕 집어 돈과 관련된 부분에서만 별 도움이 안 될 뿐이다. 실제로 내가 경제학자라고 말하면 사람들은 주로 이렇게 말한다.

"세금 낼 때 도움이 꽤 되겠네요."

"주식에 대해 잘 아시겠군요."

그러면 나는 즉시 이렇게 대답하곤 한다.

"제가 회계사나 주식중개인이 아니라서요."

정확히 어떤 주식이 오를지는 잘 모르지만, 적어도 경제학을 공부하면서 얻은 유용한 한 가지는 있다. 최근에 상장된 주식이 급등할 거라는 주식중개인의 조언을 의심해봐야 한다는 사실 말이다. 물론 손해를 보지 않는다는 약속보다 수백만 달러를 벌 수 있다는 약속이 훨씬 달콤하겠지만, 손해를 보지 않게 하는 지식 또한 상당히 유용하고 소중하지 않은가.

돈 얘기가 길었지만, 내가 진짜 하고 싶은 얘기는 이게 아니다. 경제학이라는 학문은 우리 인생에서 돈보다 훨씬 더 중요한 것을 다룬다. 경제학은 인생에서 유일한 가치가 돈이 아니라는 걸 이해하도록 우리를 이끈다. 또한 선택에는 포기가 뒤따른다는 사실을 가르쳐주기도 한다. 겉으로는 관계가 없어 보이는 것들과 사람들이 어떻게 서로 얽힐 수 있는지, 그 복잡성을 이해하는 데도 도움을 준다. 그리고 이런 것과 관련한 뛰어난 식견들이 바로 『도덕감정론』 곳곳에 등장한다.

돈도 좋지만, 돈을 다루는 법을 알면 더 좋지 않을까? 한번은 한 학생이 교수님께 들은 얘기라며 내게 이런 말을 전했다.

"경제학이야말로 인생을 최대치로 활용하는 방법에 관한 학문이다."

물론 대부분의 사람들, 심지어 경제학 전공자들까지도 이 말이 터무니없다고 생각할지 모른다. 하지만 잘 생각해보자. 인생은 끊임없는 선택의 연속이다. 인생을 최대치로 활용한다는 것은 곧 인생에서 현명하고 훌륭한 선택을 최대한 많이 한다는 뜻이다. 이렇듯 하나를 취하고 다른 하나를 버리는 선택에 대하여, 그리고 내 선택이 다른 사람들의 선택과 어떤 관계가 있는지 잘 이해하는 것이 바로 경제학의 본질이다.

매 순간 훌륭한 선택을 하길 원하는가? 그렇다면 먼저 자신과 주변 사람들을 이해해야 한다. 인생을 최대치로 활용하고 싶은가? 그렇다면 감히 말하건대 애덤 스미스의 『도덕감정론』을 이해해야 한다. 자, 이제 시작해보자.

**How Adam Smith
Can Change
Your Life**

나에게
질문하는
시간

누구나 마음속에
공정한 관찰자가 있다.
나의 행동이 옳은지
공정하게 알려주는
가상의 인물이다.
공정한 관찰자 덕분에
우리는 한 걸음 물러서서
자신을 객관적으로
바라볼 수 있다.

늦은 오후, 당신은 책상에 앉아 오늘 밤까지 마쳐야 하는 제안서를 만들고 있다. 제안서 표지 제목을 무엇으로 할지도 고민 중이다. 동시에 머리 깊숙한 곳에서는 다른 생각에 빠져 있다.

'오늘 저녁에 아들 녀석 농구시합이 있댔지? 경기장까지 어떻게 데려다주지?'

제안서에 한 줄을 덧붙이면서 '나 대신 집사람이 아들을 경기장에 데려다주면 좋겠는데'라고 생각할 때, 동료 한 명이 사무실에 고개를 불쑥 내밀면서 묻는다.

"그 뉴스 봤어?"

중국에 큰 지진이 나서 수만 명이 사망했고 수만 명이 실종 상태라고 전하는 동료의 말에 당신의 마음이 슬퍼진다.

"정말 끔찍하네."

아마도 당신은 인터넷으로 더 자세한 소식을 알아볼지도 모른다. 그리고 잠시 중국에 있는 회사 소유의 공장 걱정에 잠긴다.

'그 공장도 피해를 입었을까?'

다시 제안서 작업으로 돌아간 당신, 그런데 5분 후 아내로부터 전화가 걸려온다.

다행히 아내는 아들과 다른 아이들까지 모두 태우고 경기장에 갈 수 있다고 말했다. 게다가 아들이 골을 넣을 때는 물론 경기 스코어도 속속 문자로 알려주겠단다.

"그러면 나야 좋지."

고민 한 가지가 해결된 당신은 이제 맘 놓고 늦게까지 일하면서 제안서를 마칠 수 있을 것이다. 그리고 집에 돌아와 편안하게 저녁을 먹을 것이다.

그러는 동안 당신은 지진으로 사망한 중국 사람들에 대해서는 완전히 잊어버렸다.

아, 물론 '완전히'라고 말할 수는 없겠다. 잠시 후 다른 동료가 중국 지진 소식에 관해 또 언급한다면 여전히 "정말 끔찍한 사고야"라고 대답할 테니까. 그리고 적십자에 얼마간의 기부금을 내야겠다고 생각할 수도 있다. 내친김에 그 자리에서 기부를 할 수도 있다.

하지만 몇 분만 지나면 더 이상 중국 사람들에 대해 생각하지 않을 것이다. 대신 제안서 작성을 서둘러 끝내려고 할 것이며, 이후에 있을 편안한 저녁 식사를 기대하고, 아들의 농구 경기 소식을 궁금해할 것이다. 아내가 문자로 아들이 골을 넣었다고 전할 때는, 중국의 인명 피해 소식과 무관하게 기쁘고 신날 것이다.

이처럼 중국인들이 겪은 고통은 웬만해서는 당신의 의식 속으로 파고들기 힘들다. 그날 밤 침대에 나란히 누운 아내 역시 "그 지진 정말 참혹해"라고 말해도 당신은 무심하게 동의한 후 잠에 곯아떨어질 것이다.

이번에는 이와 전혀 다른 일이 일어난다고 상상해보자. 동료가 병원의 임상병리과로부터 온 전화 메모를 전해준다. 손가락에 있는 종양의 조직 검사 결과를 알려주려는 전화였다. 병원에 전화를 거는 내내 가슴이 쿵쿵 뛴다. 그런데 이런, 암이란다. 손가락을 잘라야 한다는 뜻이다.

'그렇게 최악은 아니야. 그냥 새끼손가락인데, 뭐. 기타 치는 게 좀 어려워지겠지만 그 정도쯤이야.'

애써 스스로를 위로하며 그깟 기타쯤 좀 못 쳐도 사는 데 지장 없다고 쿨하게 정리한다. 다행히 손가락 외에 다른 부분은 건강할 것이다. 의사 역시 새끼손가락만 절단하면 된다고 장담했으며 이미 수술 날짜까지 내일로 잡아둔 상태다. 그날 밤, 잠자리에 든 당신은 불안한 마음에 사로잡혀 이 모든 게 나쁜 꿈이기를 바라며 밤새 뒤척인다.

새끼손가락 vs. 수만 명의 목숨

1759년, 애덤 스미스는 『도덕감정론』을 집필하면서 모르는 사람 수만 명이 죽었다는 사실보다 내 새끼손가락 하나가 없어진다는 사실에 크게 상심하는 것이 우리 인간이라고 지적했다. 남의 커다란 불행보다 내 손톱 밑의 가시가 더 아픈 법이다. 스미스가 살던 18세기와 달리, 지금은 지구 반대편에서 벌어지는 비극적인 사고조차 생생하고 가깝게 느낄 수 있는 시대다. 하지만 우리 인간의 본성은 변한 것이 없다. 스미스는 지진을 상상하면서 다음과 같이 말했다.

> 갑작스러운 지진으로 인해 무수히 많은 사람들과 중국이라는 대 제국이 사라졌다고 생각해보자. 그리고 중국

과 아무 관계도 없는 유럽의 한 휴머니스트에게 이 끔찍한 소식이 전해졌다면?

과연 유럽의 휴머니스트는 어떤 반응을 보일까?

짐작컨대, 우선 그는 불행한 중국인들에게 닥친 불운을 무척 애도할 것이다. 그리고 인간의 목숨이 바람 앞의 등불처럼 위태롭고, 사람이 일궈놓은 모든 것이 한순간에 사라져버린다는 사실에 비통해하며 자신의 심경을 표현할 것이다. 혹시나 그가 투기업자라면, 이 재앙이 유럽의 상업과 전 세계 무역 및 사업에 끼칠 영향까지 예측할 것이다.

하지만 이런 것들은 순식간에 사라지고 만다.

그는 자신의 감정과 의견을 적절하게 표출하고 난 뒤, 그런 끔찍한 사건이 언제 일어났냐는 듯, 아주 편안하게 다시 하던 일을 하거나 놀거나 휴식을 취한 뒤 곤히 잠들 것이다.

좋든 나쁘든 인생은 계속된다. 유감스럽게도 스미스의 이런 평가는 대부분의 사람에게 적용된다. 지진 얘기를 마친 후 스미스는 반대의 상황을 상상한다. 사람들이 자신의 새끼손가락이 없어질 거란 사실 앞에서는 어떻게 반응할 것인지에 대해서.

> 그에게 일어날 수 있는 가장 사소한 사고가 오히려 그에게 실질적인 불안감을 안겨줄 것이다. 만약 그가 내일 자신의 새끼손가락을 잘라버려야 한다면, 아마도 오늘 밤 쉽사리 잠들지 못할 것이다. 반면 수억 명에 달하는 사람이 죽은 사고가 났다고 생각해보자. 하지만 그 사고를 직접 보지 않는 한, 그는 아주 편안한 마음으로 코를 골며 잠들 것이다. 이렇듯 인간은 수많은 사람의 사망 사건보다 자신의 작은 불운에 더 고통스러워한다.

우리는 다른 사람들이 겪는 커다란 고통보다 나의 작은 고통에 더 격렬하게 반응한다. 오케이, 그 정도는 나 역시 인정한다. 하지만 정말 수많은 사람의 죽음보다 내 새끼손가락에 더 마음이 쓰일까? 이 사실은 전적으로 받아들이기 어렵다.

정말 스미스는 우리가 그 정도로 이기적이라고 생각하는

것일까. 『국부론』에서 세상이 이기심에 의해 움직인다고 했던 스미스의 말이 새삼 떠올랐다. 스미스가 종종 『아틀라스 Atlas Shrugged』의 작가 에인 랜드Ayn Rand(20세기 초 자유 시장 경제 체제를 격렬히 옹호한 미국의 사상가 - 편집자 주)의 전생인물이라고 희화화되는 것도 무리가 아니다.

이에 대해 스미스는 복합적인 견해를 가진 듯 보인다. 물론 인간의 본성에 따라 우리의 생각이 대체적으로 나 자신을 중심으로 돌아간다 해도, 스미스는 우리에게 나 자신 말고도 생각하는 것들이 무수히 많다고 했다. 앞서 소개했던 『도덕감정론』의 첫 문장이 이를 입증한다.

> 인간이 아무리 이기적인 존재라 할지라도, 다른 사람의 운명에 관심을 갖게 하는 어떤 원칙이 인간의 본성에는 분명히 있다. 또 자신에게 아무런 이득이 없을지라도 다른 사람을 행복하게 만들어주고자 한다.

사람들은 자신에게 아무런 이득이 되지 않는 경우에도 다른 사람들에게 마음을 쓴다. 그렇다면 어느 정도로 마음을 쓸까? 스미스가 예로 든 중국의 지진은 인간 본성이 매우 이기적이라는 견해와 잘 맞는다. 하지만 스미스는 거기서 끝나지 않고 다시 이렇게 물을 것이다.

"당신의 새끼손가락과 수백만 중국인들의 목숨을 맞바꿀 수 있다고 생각해보자. 당신은 그렇게 하겠는가?"

분명 당신은 천사도 성인군자도 아닐뿐더러, 내가 아는 보통 사람들과 다를 바가 없다. 그러므로 당신은 멀리 있는 수백만 명의 죽음보다 당신의 손가락 하나가 없어지는 것이 더 불행하다고 생각할 것이다. 그리고 그게 사실이라면, 당신은 중국인들의 목숨과 자신의 손가락을 맞바꾸고, 손가락을 지켰다는 사실에 기쁨을 느낄 것이다.

위 질문에 대한 스미스의 답은 어떨까? 그는 인정이 눈곱만치도 없거나 교양이 전혀 없는 사람들이라도 그런 거래는 아예 생각조차 하지 않는다고 강하게 주장했다. 인간이라면 그러한 거래를 상상하는 것만으로도 마음이 움찔거린다고 덧붙이면서.

> 반면 수억 명에 달하는 사람들이 죽은 사고가 났을 때, 그 사고를 직접 보지 않는 한 아주 편안한 마음으로 코를 골며 잠들 것이다. 이렇듯 우리는 수많은 사람들이 죽었다는 사실보다 자신의 작은 불운을 더 중요하게 느낀다.

하지만 직접 보지 않았다 할지언정 자신의 작은 불운을 막기 위해 수억이나 되는 중국인 형제들의 생명을 기꺼이 희생시킬 사람이 있을까? 인간의 본성은 그런 생각만으로도 두려움에 깜짝 놀라게 되는 법이다. 세상이 아무리 부패하고 타락했더라도 그런 상황을 즐길 수 있을 정도로 악한 사람은 존재하지 않는다.

『도덕감정론』에서 스미스는 사람이 갖추어야 할 여러 미덕을 중점적으로 다루었지만, 이기심은 그가 완성한 미덕의 목록에 들지 못했다. 물론 『국부론』에서 그는 사람들이 근본적으로 이기적이라고 주장한 바 있다. 그러나 『국부론』에서 스미스가 정의한 이기심이란, 극단적 이기심과는 다르다.

『국부론』의 초반부를 보면, 번영을 이루어내는 전문성의 힘에 대한 얘기가 나온다. 인간은 자신이 잘하는 한 가지 일을 전문화하는 대신, 나머지는 타인의 도움을 통해 얻고자 한다. 이때 인간이 극단적인 이기심으로 가득 차 있다고 생각해보자. 이기심으로 가득 차 있는 인간은 타인이 원하는 것을 주지 않을 것이다. 자신이 원하는 것도 아닌데, 다른 사람이 원하는 것을 대체 왜 주겠는가.

그렇다면 이기적인 인간은 어떻게 타인이 원하는 것을 주게 된 것일까? 이 의문에 대한 답은 간단하다. 스미스가 새로 정의한 이기심 때문이다. 우리는 타인이 원하는 것을 그냥 주는 게 아니라, 타인이 답례로 무언가를 줄 거라고 전제했기 때문에 주는 것이다. 이것이 바로 스미스가 『국부론』에서 정의한 이기심이다. 자기 자신 외에는 아무것도 생각하지 않는 단순한 개념의 이기심과는 분명 다른 의미다.

이러한 이기적인 인간들의 교역이야말로 번영을 가능케 하는 전문성의 힘이라고 스미스는 설명했다. 『국부론』에는 이렇게 이기적인 사람들 사이에서 이루어지는 교역의 본질에 대해 다음과 같이 적혀 있다.

> 어떤 종류든 상대에게 흥정을 붙이는 사람은 누구나 이렇게 제안한다.
> "내가 원하는 것을 주면 당신 역시 원하는 것을 갖게 될 것이오."
> 이런 의미는 사실상 모든 거래에 내재되어 있다. 이 방법을 통해서 우리는 상대방과 서로 원하는 것을 주고받는다.

이는 스미스의 유명한 문장으로 손꼽히는 다음의 설명으로 계속 이어진다.

> 우리가 고기와 술, 빵을 먹으며 저녁식사를 할 수 있는
> 것은 푸줏간 주인이나, 양조업자, 빵집 주인이 관용을
> 베풀어서가 아니다. 그들은 그저 자신의 이익을 중시했
> 을 뿐이다. 이 때문에 우리는 그들과 거래할 때 그들의
> 인간애가 아닌 자기애에 호소한다. 또한 우리가 필요한
> 것을 말하지 않고 그들에게 유리한 점을 말한다.

이러한 인간의 기본 본성에 동의하지 않을 사람은 거의 없
다. 하지만 동의는 할지언정 이를 지속적으로 인식하면서 살
기는 쉽지 않다. 특히 취업을 준비하는 학생들이 이런 인간
본성을 잊고 있을 때가 많다. 그래서인지 내게 조언을 구하며
보여주는 자기소개서를 보면 다음과 같은 오류로 가득하다.

'XYZ라는 회사에서 일하는 것이 저의 꿈이며, XYZ라는
회사는 제게 정말 큰 의미가 있습니다.'

내가 그 회사에서 일하고 싶은 마음만 있으면, 그 회사도
당연히 나를 원할 거라고 생각하는 치명적 오류다. 방금 전
스미스가 한 말 기억하는가? 취업을 원한다면 그 회사의 인
간애가 아닌 자기애에 호소해야 한다. 그러니 XYZ라는 회사

가 나를 채용하면 왜 좋은지 그 이유를 설득력 있게 제시해야 한다. 나아가 내가 XYZ라는 회사가 추구하는 목표에 어떤 도움이 될지도 설명하라. 그러면 XYZ가 추구하는 목표를 잘 알고 있다는 사실까지 전달할 수 있을 것이다.

사람이 가장 큰 신경을 쓰는 대상은 바로 자기 자신이다. 이 사실을 기억해두면, 상대로부터 내가 원하는 것을 얻어낼 때 상당한 도움이 된다. 그리고 이것이 내가 취업을 준비하는 학생들에게 열정적으로 조언하는 부분이다. 이렇듯 우리는 사는 동안 가끔은, 아니 매우 자주 자신이 우주의 중심인 것처럼 착각한다.

자, 지금부터 당신이 나보다 당신 자신에 대해 더 많이 생각하는 방식을 '당신의 철칙'이라 부르자. 당신에게 철칙이 있다면 나에게도 당연히 '나의 철칙'이 있지 않겠는가. 나 역시 당신보다 나 자신에 대해 더 많이 생각하니까. 각자 우주가 자기중심으로 돌아가고 있다고 생각하는 방식, 이러한 '각자의 철칙'이 바로 세상이 돌아가는 이치다.

누군가에게 부탁하기 위해 이메일을 보냈는데 상대가 답을 하지 않는가? 아마도 당신은 왜 바로 답을 주지 않는지 답답해할 것이다. 상대에게는 당신이 보낸 메일 말고도 답해야 할 메일들이 수천 통이란 사실을 잊은 채 말이다. 설령 당신이 상대의 회신을 공손히 기다리는 '을'의 입장이라 해도, 그 순간 당신은 스스로를 우주의 중심으로 생각하는 까닭에 상대의 행동에 답답함을 느낄 것이다.

예전에 당시 『USA투데이』의 칼럼니스트로 있던 토니 스노우Tony Snow에게 내 책을 한 권 보낸 적이 있다. 책을 보냈는데도 아무 소식이 없자, 그가 내 책에 관심이 없다고 생각했다. 그러던 중 우연히 그의 사무실 근처에 갈 일이 생겨, 인사나 하려고 잠시 들렀다. 그리고 나는 그곳에서 '그의 철칙'과 마주쳤다.

그의 사무실에 들어서니 쭉 늘어선 책장 전부가 책들로 가득 차 있었다. 책장뿐 아니라 책상 위는 물론 온 사방에 엄청난 책들이 어른 키 높이로 쌓여 있었다. 나처럼 그의 칼럼에 언급되기를 바라는 많은 사람들이 보낸 책들이었다. 나는 내 책이 거기 어디쯤 박혀 있는지조차 확인할 수 없었다. 어쩌면 그는 내 책을 받지 못했을지도 모른다. 만약 받았더라도 별생각 없이 책 더미 위에 툭 던져놓았을 것이다. '그의 철칙'을 잊었던 나는 그가 내 책을 무사히 받아서 깨끗한 책상 한가운데 잘 모셔두고 곧장 읽을 것이라고 생각했다. 하지만 내 책은 영화 〈레이더스〉의 막바지 부분, 주인공이 그리도 힘겹게 찾아낸 성궤가 다른 짐짝들과 함께 창고에 처박힌 꼴과 같을 뿐이었다.

공정하게 나를 관찰하는 사람이 있다

기원전 1세기, 『탈무드』에 등장하는 위대한 현자인 힐렐 Hillel은 이런 질문을 던졌다.

'내가 나 자신을 위하지 않는다면, 누가 나를 위해줄 것인가? 그러나 반대로 내가 나 자신만을 위한다면, 그렇다면 나는 누구인가?'

이에 대해 스미스는 이렇게 대답할 것이다.

'당신이 당신 자신만을 위한다면, 다시 말해서 수억 명의 목숨과 자신의 손가락을 맞바꾼다면, 당신은 인간이 아닌 괴물이다.'

이것이 나 자신을 바라보는 방식의 두 번째 단계다. 우리는 모든 것을 내 위주로 생각한다. 하지만 어떠한 이유에서인지, 항상 나에게 득이 되는 쪽으로만 행동하는 것은 아니다. 스미스 역시 사람들이 이타적인 행동과 이기적인 감정을 어떻게 조화시키는지 궁금해했다.

이런 차이가 생기는 것은 무엇 때문인가? 인간이 이토록 비도덕적이고 이기적인데도, 어떻게 우리 행동은 종종 그렇게 관대하고 고상할 수 있을까? 인간이 남의 일보다 자신과 관련된 일에 훨씬 큰 영향을 받는 건 부정할 수 없는 본능이다. 하지만 그럼에도 불구하고 남의 이익을 위해 자신의 이익을 희생시키는 일이 발생하는 이유는 무엇일까?

인간 본연의 강한 자기애에도 불구하고, 우리는 왜 다른 사람들을 돕기 위해 자신의 행복을 희생시키고 사심 없이 행동하는가? 이 물음에 대해 한 가지 답을 한다면, 우리가 친절하고 품위 있는 존재로 타고났기 때문이다.

스미스식으로 표현하자면 자애롭고, 우리식으로 표현하자면 동정심으로 가득한 존재가 우리들이다. 남에게 마음을 쓰고 남들이 고통받는 모습을 보기 싫어할 만큼 우리는 이타적인 존재다. 하지만 동시에 수백만 명이 목숨을 잃는 일보다 내 손가락을 잃는 일에 우리는 더 괴로워한다. 이런 인간의 모순적인 모습이야말로 스미스가 일깨워준 중요한 사실일 것이다.

하지만 스미스는 이기적인 생각에 양심의 가책을 느끼는

것이 단순히 자애심이나 동정심 때문은 아니라고 강하게 주장한다.

> 인간애의 여린 힘으로는 자기애가 일으키는 강력한 충동을 이겨낼 수 없다. 조물주가 심어놓은 자애심의 미약한 불꽃도 자기애를 태워 없애버릴 수는 없다.

이런 스미스의 주장을 들으니 다시 의문이 든다. 그의 말처럼 우리 안의 인간애가 그토록 약한데도 왜 우리는 무턱대고 비도덕적이고 이기적인 존재가 아닐까? 스미스는 그 이유를 공정한 관찰자 때문이라고 답했다.

공정한 관찰자란 인간의 상상 속 인물로, 스미스에 따르면 인간의 행동은 이 공정한 관찰자와의 상호작용에 의해 이루어진다. 공정한 관찰자는 우리와 대화를 나누며 우리의 행동이 도덕적인지 확인해주는 공정하고 객관적인 인물이다. 즉, 어떤 행동이 도덕적인지, 어떤 행동이 옳은지 판단해야 할 때 우리는 이 인물과 얘기를 나눈다.

공정한 관찰자는 양심과 아주 비슷해 보이지만, 고맙게도 스미스는 이 둘의 차이점을 친절히 알려준다. 양심은 각자의 가치관이나 종교 등의 원칙이 정한 기준에 어긋났을 때 자극을 받는다. 그런데 이런 기준은 상대적이고 개인적이기 때문에 스미스는 큰 가치를 두지 않았다. 이보다는 어깨너머로 나를 쳐다보는 사람이 인간 대 인간으로 나를 심판한다고 상상하는 것이 더 낫다는 것이다.

> 공정한 관찰자는 이성, 원칙, 양심, 가슴속 동거인, 내부 인간, 우리 행동의 위대한 심판자이자 결정권자다. 그는 우리가 타인의 행복을 건드리려 할 때마다 우리의 몰염치한 격정을 향해 깜짝 놀랄 만큼 우렁찬 목소리로 소리친다.
> "당신 역시 먼지처럼 많은 세상 사람들 중의 하나일 뿐이다. 당신은 다른 사람보다 특별히 잘나지 않았다. 당신이 계속 그렇게 추잡스러우리만치 이기적으로 군다면, 분명 사람들의 분노와 혐오의 대상이 되고 말 것이다!"

『도덕감정론』에 등장하는 공정한 관찰자는 인간이 그저 한낱 미물에 불과하다는 사실을 상기시키며 겸손하라고 조언한다.

우리는 오직 공정한 관찰자를 통해서 나 자신, 그리고 내가 가진 것들이 미미하다는 것을 배운다. 우리는 공정한 관찰자의 눈을 통해서만 잘못 발현된 자기애를 바로잡을 수 있다.

공정한 관찰자는 때로는 타인을 위해 나의 큰 이익을 양보하는 행위가 적절하다고 알려준다. 또한 아주 큰 이익을 얻는다는 이유로 타인에게 아주 작은 피해를 주는 행위가 매우 잘못됐다는 사실도 알려준다.

공정한 관찰자는 우리에게 인간이 우주의 중심이 아니라는 사실을 상기시킨다. 내가 남들보다 더 중요한 존재가 아니라는 사실을 떠올리면, 다른 사람들에게 더 친절할 수 있다. 공정한 관찰자는 지나친 이기심은 말도 안 되는 것이라고, 타인에 대한 배려심은 훌륭하고 고상한 것이라고 일깨워주는 우리 안의 목소리다.

이 목소리는 내가 이득을 보기 위해 남을 해치면 안 된다는 사실을 일깨워준다. 객관적으로 나를 바라보는 누군가의 분노를 사고 미움을 받을 것이기 때문이다. 이렇듯 나만을 위하는 이기적인 모습은 여러모로 안 좋을 수밖에 없다.

하지만 우리가 단순히 동정심을 갖고 추상적으로나마 남들을 신경 쓰기 때문에 바른 행동을 하는 것은 아니다. 이 의견에 대한 스미스의 주장은 이렇다.

> 우리가 신성한 미덕을 실행하는 것은 이웃과 인류를 사랑해서가 아니다. 이웃에 대한 사랑이나 인류애보다 더 큰 사랑, 더 강력한 애정 때문이다. 그것은 명예롭고 고상한 것에 대한 사랑, 존엄과 위엄에 대한 사랑, 그리고 탁월한 자신의 인격에 대한 사랑이다.

자기애는 애쓰지 않아도 자연스럽게 생긴다. 그럼 이웃을 사랑하는 마음은? 그건 그렇게 쉽게 생기지 않는다. 스미스에 따르면 우리는 자신을 사랑하는 만큼 이웃을 사랑할 수 없다. 물론 그런 척은 할 수 있지만.

그렇다고 우리가 자신을 보호하고 고통과 괴로움을 피하려는 이유만으로 이웃을 사랑하는 것은 아니다. 이웃을 돌보는 감정은 고상하고 명예롭게 행동하려는 욕구에서 비롯된다. 그리고 그것이 바로 공정한 관찰자가 원하는 바이기도 하다.

장발장의 노래에서 깨달은 사실

한번은 신과 도덕에 대해 친구와 얘기를 하고 있었다. 신을 믿으면 죄를 저지를 가능성이 줄어들까? 발각될 가능성이 없다면, 다시 말해서 범죄를 저지르고도 확실하게 빠져나갈 수 있다면? 그런 경우, 도둑질을 하거나 죄를 지어도 괜찮다고 생각하는 것이 일반적이지 않을까?

이런 내 의문에 친구는 미소를 지으며 이렇게 말했다.

"신에 대한 완전한 믿음은 '신이 어디선가 나를 항상 지켜보고 있다'라는 전제에서 시작하지."

스미스는 신이나 다른 사람이 아닌 바로 나 스스로가 항상 지켜보고 있다고 주장한다. 혼자 있어서 발각될 가능성이 전혀 없다고 해도, 내가 도둑질하는 걸 보는 사람이 아무도 없다 해도, 나 자신은 지금 내 행위를 지켜보고 있질 않은가. 그러므로 범죄 계획을 세우는 그 순간에도, 공정한 관찰자가 나의 도덕적 일탈에 어떻게 반응할지 생각할 수밖에 없다. 결국 우리는 스스로에게서 한 걸음 뒤로 물러나 다른 사람의 눈으로 자신의 행동을 바라보게 된다.

소설 『레미제라블Les Misérables』의 주인공 장발장 역시 그랬다. 장발장은 도망 다니는 탈주자 신세였다. 그런데 공교롭게 그와 꼭 닮은 사람이 체포되었고 그 사람이 장발장을 대신해 오랫동안 감옥에 갇히게 되었다. 장발장 입장에서는 엄청난 행운이 찾아온 셈이다. 하지만 자유의 몸이 될 순간을 앞두고 장발장은 죄 없는 사람이 고통을 받아도 되는 건지 고뇌한다.

『레미제라블』을 각색한 동명의 뮤지컬에는 〈Who Am I?〉라는 유명한 노래가 나온다. 장발장은 이 노래를 부르며 스미스처럼 힐렐의 질문을 스스로에게 던진다.

'나는 누구지? 그래, 나는 나 자신을 위해 존재하지. 그렇다고 내가 나 자신만을 위해도 되는 것일까?'

그는 자유의 몸이 될 수 있다. 하지만 대신 다른 사람이 노예처럼 감옥에 갇혀야 한다. 물론 그러한 이기심이 제한적인 의미에선 합리적이라고 할 수도 있다. 단순히 따졌을 때 감옥보다는 자유가 더 득이 되는 쪽이니까.

그러나 〈Who Am I?〉를 부르는 장발장은 단순한 이해타산을 거부한다.

Must I lie?

거짓말을 해야 할까?

How can I ever face my fellow men?

그럼 내 사람들을 어떻게 마주할 수 있겠는가?

How can I ever face myself again?

내 자신을 어떻게 마주할 수 있겠는가?

그토록 이기적으로 행동하면서 어떻게 다른 사람 앞에서 떳떳할 수 있겠는가? 그리고 자기 자신을 어떻게 마주할 수 있겠는가? 그러니 진정한 장발장 자신의 모습을 되찾으려면 자수하는 방법밖에 없다. 결국 장발장은 자수를 선택한다.

다른 사람을 구하기 위해 내가 고통을 겪는 것은, 단순히 이익과 손해라는 기준에서 따지자면 비합리적으로 보인다. 그래서인지 스미스는 물질적인 비용과 이득만 생각하는 근대 경제학의 계산법은 문제가 있다고 지적한다.

다시는 가지 않을 식당에 팁을 주고, 자선단체에 익명으로 기부하고, 언제 헌혈을 받게 될지도 모르는데 헌혈을 하고, 심지어 아무런 대가 없이 신장을 기부하는 것, 이 모두가 실은 아주 비합리적인 행동이다. 하지만 누군가는 망설이지 않고 기꺼이 이런 선행에 앞장선다. 과연 왜 그럴까?

심리학과 철학에서는 인간의 도덕성이 타고나는 것인지 학습되는 것인지를 놓고 오래도록 논쟁을 벌이고 있다. 많은 심리학자와 철학자들은 인간의 뇌는 백지상태로 태어나 환경과 문화로부터 배운 것들을 새겨 넣는다고 주장한다. 이 주장만 놓고 보자면 도덕 역시 각 문화에 따라 상대적인 개념일 수 있다. 어디서 어떻게 자랐는지에 따라 기준이 달라지니 말이다.

이런 생각에 반기를 든 사회심리학자가 조너선 하이트Jonathan Haidt다. 그의 책『바른 마음The Righteous Mind』에 따르면, 도덕이 단순히 문화적으로 각인된 감정들의 집합체 그 이상이라는 증거가 점점 늘고 있다.

스미스 역시 인간의 도덕성이 타고난다는 견해 쪽이다. 인간에게는 주위 사람들로부터 인정받으려는 욕구가 내면에 깊숙이 자리 잡고 있으며, 인간의 도덕의식은 다른 사람들의 지지와 반감을 경험하면서 만들어진다는 것이다. 이렇듯 사람들은 타인의 반응을 경험하면서 자연스럽게 자기 자신을 심판하는 공정한 관찰자를 상상하게 된다.

공정한 관찰자를 상상하면, '실제로 바르게 행동했는가'와는 별도로 이를 통해 강력한 자기 수양을 할 수 있다. 공정한 관찰자를 상상하면, 나 자신으로부터 한 걸음 물러서서 객관적으로 나를 바라볼 수 있다. 이는 인생을 살면서 우리가 피하거나 제대로 해내지 못하는 용감한 행동이다.

그러나 이를 피하지 않고 잘 해낼 수 있다면, 즉 한 걸음 물러서서 자신을 지켜볼 수 있다면, 우리는 우리가 진정 누구인지, 어떻게 하면 점점 나아질 수 있는지 알 수 있다. 그리고 우리 자신의 결점과 습관을 잊고 평생을 방랑하듯 사는 대신, 마음챙김(불교에 기인한 심리학 용어로 현실을 있는 그대로 받아들이는 삶의 자세 - 편집자 주)을 하며 내면의 목소리에 귀 기울일 수 있다.

실수를 인정할 때 보이는 것들

사람들은 모두가 자신이 착하다고 생각한다. 극악한 살인자조차도 자신의 행위가 왜 정당한지 설명하려고 한다. 그러나 그렇게 생각만 하는 것이 아니라 실제로도 착한 사람이 되고 싶다면 스스로 '나의 철칙', 즉 피할 수 없는 자기중심적인 성향을 지닌 사람이라는 사실을 인정하고 거기에 맞서야 한다.

철칙 속의 나는, 세상에서 가장 중요한 존재이고 싶어 하며 실제로 그렇든 아니든 스스로 착하다고 생각한다. 바로 그 순간이 '나의 철칙'이 내뿜는 열기에 꿈쩍도 안 하는 공정한 관찰자를 떠올려야 하는 타이밍이다.

공정한 관찰자를 자주 떠올릴수록 나는 더 나은 사람이 될 수 있다. 회사에서는 더욱 유능한 직장 동료, 친구에게는 더 훌륭한 친구, 집에서는 더 사려 깊은 배우자가 될 수 있다.

인간의 가장 기본적인 상호작용인 대화를 예로 들어보자. 우리는 남의 말은 잘 안 듣고 자기 혼자만 얘기하는 사람을 가끔 본다. 그런데 실은 나 자신이 그런 사람일 수 있다. 사람들이 좀처럼 알아채기 힘든 부분이다. 사람이란 본래 자기 자신에 대해 얘기하기를 좋아하니까. 그리고 자기 의견을 입증하기도 좋아한다. 각자 하나같이 할 말이 얼마나 많은지 모르겠다!

대화를 할 때 내 얘기를 하기 위해 상대의 말이 끝나기만을 기다리는 대신, 상대의 말에 귀 기울인 적이 얼마나 있는가? 상상 속의 공정한 관찰자는 당신의 대화 스타일을 어떻게 평가할까? 공정한 관찰자를 상상하면, 대화라는 행위가 상대의 얘기가 끝나기 무섭게 내 얘기를 쏟아내는 힘겨운 운동이 아니라 함께 어울려 추는 춤으로 바뀌게 된다. 서로 경쟁하듯 내뱉는 독백이 아니라 함께 나누는 진정한 대화로 거듭나는 것이다.

2006년 처음 팟캐스트를 시작하면서 매주 초대 손님을 인터뷰할 때, 나는 지금보다 말을 많이 하는 편이었다. 상대가 대답을 하면 거의 매번 토를 달면서 내 의견을 정확히 밝히는 데 집중했다.

'이봐, 내가 이 프로그램의 주인이잖아.'

당시 나는 스스로에게 이렇게 말하고 있었다.

'사람들이 내 의견을 듣고 싶어 한단 말이지. 난 할 말이 정말 많다고.'

다행히 이를 벗어나는 데 공정한 관찰자가 필요하지는 않았다. 청취자들이 내가 말이 너무 많다고 종종 불평했기 때문이다. 나는 청취자들의 생각이 옳다는 걸 깨달았고, 그 후 나자신에게서 한 걸음 물러설 수 있었다. 초대 손님들에게 시간을 더 주고 더 많이 말할 수 있도록 하자, 프로그램은 훨씬 더 좋아졌다.

무시당하거나 부당한 상황에 처했을 때 나 자신이 어떻게 반응하는지 생각해보라. 사람들은 가끔 그냥 넘어갈 수도 있는 일에 부당하다며 마음껏 화를 내곤 한다. 스미스는 그럴 때 한 걸음 물러서서 자신을 지켜보는 누군가에게 이렇게 물어보라고 조언한다.

'혹시 내가 정의로운 십자군이 아니라 단순한 투덜이로 보이지 않는가?'

짜증과 화가 솟구칠 때면, 이 질문을 스스로에게 던져보라. 부당하다는 느낌에 불을 붙이지 않고 마음의 평정을 찾게 해줄 것이다. 일전에 아내와 함께 차를 타고 가다가 둘만의 시간을 위해 미팅 시간을 바꿨다고 말했다. 그러자 아내는 의아해하며 이렇게 물었다.

"당신, 내가 보낸 이메일 안 읽었어?"

새로 정한 미팅 시간이 내가 애들을 보겠다고 했던 시간이었다. 아내의 이메일을 읽긴 했는데, 정작 미팅 시간을 바꿀 때는 잊고 있었다. 바보가 된 느낌이 들었다. 아내는 아무 문제없다는 듯 말했다.

"미팅 시간 다시 정하면 되지. 별일 아니잖아."

하지만 내겐 별일처럼 느껴졌다. 미팅 시간을 다시 잡아야 하는 게 당황스러웠다. 순간 나도 모르게 목소리가 높아졌다. 이 상황에 내가 얼마나 언짢아졌는지 아내가 알아야 한다는 마음에 과도한 반응을 보였던 것이다.

5분 뒤, 다행히 공정한 관찰자를 생각해냈다. 그리고 그 상황에서 한 걸음 물러났다. 나는 아내에게 못되게 굴었다. 실제로는 이메일에 대해 잊어버린 나 자신에게 화가 나고 당황했는데, 마치 아내에게 화가 난 것처럼 행동했던 것이다. 나는 아내에게 진심으로 사과했다.

공정한 관찰자에 대해 조금만 더 일찍 생각했더라면 좋았을 텐데. 예를 들어 뒷자리에 탄 친구처럼 실제 그 상황에 관찰자가 있었다면, 그렇게까지 화를 내지는 않았을 것이다. 그가 내 분노를 잠재워주었을 테니 말이다.

　그리고 방어적인 태도를 보이며 화를 내는 대신, 미팅 시간을 다시 조정하지 않고도 애들을 볼 수 있을지 아내와 의논했을 것이다. 조금 늦었지만 공정한 관찰자를 생각해낸 나는 실제로 아내와 그렇게 해결방법을 찾아냈다.

　일상에서 사람을 쓰고 관리하는 일은 다반사다. 잔디를 깎거나 집을 청소할 때, 혹은 고장 난 곳을 수리하기 위해 누군가를 부를 수 있다. 회사라면 직속 부하 직원에게 지시를 내리고 관리를 하게 된다. 그러나 이런 경우, 상대가 원하는 방식대로 상대를 대하기란 쉽지 않다. 그러기에 우리는 너무 바쁘고 할 일도 많기 때문이다.

　우리는 설사 무례하거나 사려 깊지 못하더라도, 함께 일하는 사람들이 우리를 일단 믿어줄 거라고 생각한다. 과연 공정한 관찰자도 그렇게 생각할까? 공정한 관찰자는 나를 친절하고 사려 깊은 상사로 볼까, 아니면 그릇이 작은 상사라고 생각할까?

　내 평생에 걸친 업, 즉 인생이라는 업을 더 잘 해내고 싶다면 마땅히 주의를 기울여야 한다. 주의를 기울이면, 무엇이 정말 문제인지, 무엇이 진짜고 지속되는 것이고, 무엇이 가짜고 스쳐 지나가는 것인지 기억해낼 수 있다. 공정한 관찰자에 대해 생각하면, 현실 속의 관찰자와도 상호작용하면서 당신에 대한 그들의 생각을 바꾸어놓을 수 있다.

다 좋은 일이다. 스미스는 이런 결과가 아주 큰 만족을 준다고 재차 강조한다. 자신의 행동이 어떻게 인식되는지 잘 살폈을 때 얻는 즐거운 부수익 정도가 아니라는 뜻이다. 스미스의 주장처럼 실제 우리는 인생의 평온함과 침착함, 행복까지 모두 얻을 수 있다.

How Adam Smith
Can Change
Your Life

행복을
위한
새로운
우선순위

내가 사랑받을 자격이 충분하다는 사실을 알게 되면
우리는 진정한 행복을 느낀다.
반대로 내가 미움받아 마땅하다는 사실을 알게 되면
우리는 깊은 불행을 느낀다.

당신은 19세, 스탠퍼드 대학 2학년 학생이다. 당신의 꿈은 음악가가 되는 것이다. 음악가로 성공할 가능성은 그리 높지 않지만, 스탠퍼드의 졸업장은 훌륭한 보험 증서가 될 것이다. 게다가 거부인 아버지가 당장 유산을 물려주겠다고 말한다. 아버지의 재산 전체를 생각하면 미미한 수준이지만, 그래도 9만 달러어치의 회사 주식은 상당한 액수다. 그런데 아버지가 단호하게 선을 긋는다.

"더 이상은 너에게 한 푼도 줄 생각이 없다. 이게 끝이다."

자, 이제 두 가지 갈림길이 놓여 있다. 주식을 판 돈으로 음악가의 길을 걸을 것인가, 아니면 주식을 보유하며 음악가보다는 안전한 길을 선택할 것인가.

물론 음악가로 성공할 수도 있고 실패할 수도 있다. 주식 역시, 급등할 수도 있고 폭락할 수도 있다. 당신은 어느 길을 가겠는가?

정말 어려운 선택이다. 일단 불확실성을 제거하고 얘기해보자. 첫 번째 길은 미래가 성공적이라는 전제로 생각한 것이다. 음악을 하는 데 필요한 비용을 대기 위해 당신은 주식을 팔기로 결심했고, 그 도박은 성공할 것이다. 당신은 꿈을 이룰 것이고 음악가로 성공할 것이다. 루이 암스트롱이나 모차르트 정도는 아니지만, TV와 영화 부문에서 인정받는 작곡가가 될 것이다. 누구나 알아볼 정도로 유명하지는 않더라도, 음악을 하는 동료들 사이에서 존경받는 인물이 된 것이다. 당신은 예술가로 충분히 생계를 유지하면서도 아주 잘 살 것이다. 이게 첫 번째 길이다. 꽤 훌륭해 보인다.

두 번째 길에서 당신은 전문 음악가가 되겠다는 꿈을 포기하고 주식을 계속 보유한다. 비록 꿈꿔왔던 직업은 아니지만, 스탠퍼드 출신이라는 장점을 내세워 꽤 괜찮은 직업을 갖게 될 것이다. 그리고 투자 목적으로 계속 보유하고 있던 아버지 회사 주식은 계속 오를 것이다. 상황을 흥미롭게 만들기 위해 19세 때 받았던 9만 달러어치 주식이 35년 뒤에 1억 달러가 되었다고 생각해보자. 음악가의 수입 따위는 극빈자 수준으로 보일 만큼 호화로운 생활을 만끽할 것이다.

당신은 어떤 길을 선택했을 때 더 행복하겠는가? 꿈을 따라야 할까, 물질적인 이익을 따라가야 할까? 당신은 꿈을 이루는 데 얼마만큼의 돈을 쓸 의향이 있는가? 인생을 최대치로 활용하고 싶다면, 어떤 길을 선택하겠는가? 엄청난 부자가 되는 것보다 더 큰 즐거움을 안겨주는 것은 과연 무엇일까?

물론 평범한 우리에게 이 정도로 극적인 일은 일어나지 않을 것이다. 대부분의 사람들은 워런 버핏Warren Buffett의 아들이 아니니까. 워런 버핏이 누구인가. 지난 35년 동안 주가가 1,000배 넘게 오른 버크셔 해서웨이의 CEO 아니던가.

그의 아들 피터 버핏Peter Buffett은 실제로 음악을 선택했다. 그는 19세에 스탠퍼드를 중퇴하고 아버지에게서 받은 주식을 팔았다.

그리고 그렇게 손에 쥔 9만 달러를 가능한 오래 지킬 수 있도록 계획을 짰다. 물론 위대한 투자가인 아버지에게 도움을 요청했다. 하지만 그렇게 4년을 보낸 피터 버핏의 상황은 별반 나아지지 않았다. 허름한 아파트에서 낡아빠진 자동차를 몰며 근근이 살아가야 했으니까. 음악을 하며 돈벌이를 하려고 애쓰고 있었지만 대개는 실패로 돌아갔다.

그러던 중 그에게 행운이 찾아왔다. 이웃집 사람이 MTV의

광고 음악가를 찾던 사람에게 그를 소개해준 것이다. 이후에 일이 계속 잘 풀리면서 피터 버핏은 마침내 음악가로 꽤 훌륭하게 성공할 수 있었다. 그는 영화와 TV용 노래를 작곡했고, TV 다큐멘터리에 삽입된 곡으로 권위 있는 상도 받았다. 자신이 그토록 사랑하는 일을 하면서 동시에 의미 있는 삶을 살게 된 것이다.

우리가 인생에서 간절히 원하는 것

피터 버핏은 올바른 선택을 내린 걸까?

당신은 이 질문에 쉽게 대답할 수도 있고, 아닐 수도 있다. 애덤 스미스는 명예나 재산을 추구하는 삶에 열광하지 않았다. 그는 우리가 진정으로 원하는 것, 우리를 정말로 행복하게 만드는 것에 집중하라고 조언했다. 그리고 우리를 정말로 행복하게 만드는 것에 대해 이렇게 말했다.

인간은 선천적으로 사랑받기를 원할 뿐 아니라 사랑스러운 사람이 되기를 원한다.

우선 이 단순한 문장에 대해 두 가지 설명이 필요하다. 먼저 스미스는 우리가 쓰는 것과 다른 의미로 '사랑'이라는 단어를 사용했다. 그리고 이 짧은 문장 속에 풍부한 뜻을 함축시켰다. 따라서 이 문장을 온전히 이해하는 데는 약간의 노력이 필요하다.

일단 스미스가 쓴 '사랑받다'라는 말이, 오늘날 연애나 가족 간의 사랑을 뜻하는 '사랑받다'와 같은 의미는 아니다. 그보다 훨씬 넓고 완전한 의미를 품고 있다. 사람들이 누구에게나 사랑받기를 원한다는, 인간의 근본적인 욕구를 요약하여 표현했기 때문이다.

스미스는 사람들이 자신을 좋아하고, 존경하고, 자신에게 관심을 갖기를 바란다는 뜻으로 이 표현을 썼다. 틀린 말이 아니다. 우리는 다른 사람들이 나를 인정하고, 칭찬하고, 소중하게 여기길 바란다. 나에게 관심을 가지고 진지하게 대해주기를 원한다. 나와 함께 있기를 원하고, 함께 있을 때 즐거워하기를 원한다.

혹자는 인간이 타인의 시선을 신경 쓰지 않는다고 주장하기도 하는데, 글쎄 내 생각에 이건 가식에 찬 주장 같다. 그건 자신이 사랑과 존중, 인정을 받지 못할 가능성에 대한 일종의 보호책으로 여겨질 뿐이다.

다른 사람들을 신경 쓰지 않는 것처럼 보이는 사람들은, 반대로 지독할 정도로 인정을 갈망하는 경우가 많다. 대부분의 사람들은 사랑받기를 원한다. 이런 욕구가 미숙하고 유치한 감정이라고 생각하는가? 애덤 스미스는 이것이 바로 인간의 본성이라고 말했다. 그리고 '행복이란 감정은 사랑받는다는 느낌으로부터 생겨난다'라고 덧붙였다.

이와 더불어 단지 사랑받는 것만이 아니라 사랑받을 자격이 있어야 한다는 점도 강조하면서 다음과 같이 말했다.

> 내가 사랑받고 있고, 또한 사랑받을 자격이 있다는 사실을 알면 얼마나 행복할까? 반대로 내가 미움받고 있고, 미움받아 마땅하다는 사실을 알면 얼마나 불행할까?

스미스는 사람들이 비도덕적인 일을 안 하려는 이유에 대해서도 공정한 관찰자를 적용한다. 즉, 사람들의 행동이 객관적인 관찰자의 판단에 의해 저지된다는 뜻이다. 스미스는 주위에서 우리의 행동이나 본모습을 관찰한 사람들이 '당신은 사랑받을 자격이 충분해'라고 말해줄 때, 우리가 진정한 행복을 느낀다고 말한다.

물론 스미스의 '행복 공식'에 반대할 수도 있다. 외부의 인정 때문에 행동하는 것이 건전하지 않다고 주장할 수도 있다. 그러나 단지 내가 행복하려고 주위 사람들에게 좋은 인상을 주려는 것이 아니다. 스미스는 그런 의미로 말하지 않았다. 그렇게 사랑받으려는 건 옳지 않다.

스미스에게 있어 사랑받는다는 것은, 그 사람이 충분히 사랑스럽기 때문에 생기는 자연스러운 결과다. 이쯤에서 스미스가 강조한 '사랑스럽다'는 말의 좀 더 깊은 의미를 살펴볼 필요가 있다.

오늘날 사랑스럽다는 말은 "정말 꽃병이 예쁘네"나 "그녀가 사랑스러운 감사 편지를 보냈어"같은 표현처럼, 눈에 보기에 매력적이거나 만족스럽다는 의미다. 하지만 스미스식의 사랑스럽다는 말은 사랑받을 가치가 있다는 뜻으로 해석하는 편이 좋다.

그에 따르면, 우리는 고결함과 정직함, 훌륭한 원칙을 지닌 존재로 보이기를 원한다. 우리는 실제로도 존중, 칭찬, 관심, 명성이나 좋은 평판을 얻고 싶어 한다. 한마디로, 사랑받을 자격을 갖추고 싶어 한다.

또한 우리는 다른 사람들이 건네는 사랑이 진짜이기를 원한다. 스미스는 우리가 자신의 평판, 즉 다른 사람들이 자신을 어떻게 보는가에 신경을 쓸뿐더러, 그 평판을 정직하게 얻었는지, 그 평판이 자신의 진짜 모습에 걸맞은지 신경을 쓴다고 말한다.

'사랑받고 사랑스럽다'에 대한 스미스의 표현을 그대로 옮기면 다음과 같다.

> 인간은 선천적으로 사랑스러운 사람이 되기를 원한다. 다시 말하면 사랑받을 수밖에 없는 자격을 갖추고 싶어 한다. 또한 인간은 선천적으로 미움받는 사람이 될까 봐 두려워한다. 다시 말하면, 미움받아 마땅한 사람이 되는 것을 두려워한다.
> 인간은 칭찬받을 만한 사람이 되고 싶어 한다. 즉, 아무도 자신을 칭찬하지 않는다고 해도 마음으로는 칭찬받을 자격을 갖추고 싶어 한다. 인간은 비난받는 사람이 될까 봐 두려워한다. 즉, 아무도 자신을 비난하지 않는다고 해도 마음으로는 비난받아 마땅한 사람이 될까 봐 두려워한다.

존경받을 만하고, 고결하고, 나무랄 데 없고, 친절하기 때문에 다른 사람들의 존경을 받는다면, 결과적으로 우리는 진심으로 행복한 사람이 될 수 있다.

사랑받는 사람은 무엇이 다를까

사랑스러운 사람이 된다는 것은 그 자체가 목적이다.

결혼에 대해 생각해보자. 누구나 좋은 배우자가 되고 싶어 한다. 구체적으로 어떤 목적이 있어서 좋은 배우자를 꿈꾸는 것이 아니다. 그것이 그저 옳기 때문에 좋은 배우자가 되고 싶어 한다. 사랑스러운 사람이 된다는 것은 수익을 얻으려는 투자가 아니다. 때문에 훌륭한 부부들은 상대에 대한 점수를 기록하지 않는다. 내가 당신을 위해 이 일을 해줬으니 이제는 당신이 나를 위해 그 일을 해줄 차례라고 말하지 않는다는 뜻이다.

"내가 장을 봐왔으니, 당신이 축구장에 애들 데려다줘."

"당신이 스트레스를 받았을 때 내가 잘 해줬잖아. 지금은 내가 스트레스를 받고 있으니 당신이 잘 해줘야지."

"나랑 당신, 지금 4대 1인 거 알지? 그러니 다음 세 번은 당신이 일할 차례야."

"내가 당신 친구들 만나는 모임에 두 번 갔으니까 다음 두 번은 당신이 내 친구들 모임에 가야 해."

훌륭한 부부는 결코 이런 식의 대화를 하지 않는다.

배우자로서 해야 하는 일들을 비용편익분석(비용과 이익을 비교 분석하여 투자를 결정하는 방법 - 편집자 주)이나 투자의 시각에서 생각하는 사람은 사랑으로 유지되는 결혼생활을 할 수 없다. 그것은 결혼이 아니라 그저 계약일 뿐이다. 그런 계약은 정육점 주인이나 빵집 주인과도 맺을 수 있다. 나는 아내와 그런 계약 관계를 원하지 않는다. 그저 단순히 좋은 배우자가 되고 싶어서, 다시 말하면 사랑스러운 배우자가 되고 싶어서 아내를 돕고 그로 인해 기쁨을 얻는다. 누가 계약에서 더 유리한지 겨루는 것과는 비교할 가치조차 없다.

물론 내 결혼생활은 완벽하지 않다. 어느 누구의 결혼생활도 완벽하지 않다. 하지만 결혼생활에 수반되는 모든 문제들과 씨름할 때마다 나는 더 많이 얻으려는 욕심이 아닌 더 많이 줄 때의 가치를 배운다. 나는 아내에게 더 사랑스러운 남편이 되기 위해 날마다 노력한다.

스미스의 이상은 내면의 자아가 외면의 자아를 그대로 비출 때, 즉 사람의 겉과 속에 다름이 없을 때 실현된다. 아쉽게도 인간은 그 이상에 미치지 못할 때가 많다는 걸 스미스는 잘 알고 있었다. 희대의 금융 사기꾼 버나드 메이도프Bernard Madoff처럼 말이다. 그는 월스트리트에서 수년간 금융의 천재로 평가받았다. 뛰어난 투자 감각과 선견지명을 내세워 투자자들에게 꾸준히 높은 수익을 안겨주었기에, 폰지 사기(투자자들의 수익금을 신규 투자자들의 원금으로 메우는 일종의 다단계 금융사기 - 편집자 주)의 희생양을 찾는 것이 그에게는 그리 어려운 일이 아니었다.

메이도프는 투자자들에게 자신이 부릴 수 있는 묘기를 충분히 뽐냈고, 그 덕분에 많은 사람에게 사랑과 존경을 받았다. 그러나 메이도프는 자신이 사기꾼이라는 사실 또한 너무나 잘 알고 있었다. 스미스식으로 말하자면, 스스로 사랑스러운 사람이 아니라는 사실을 잘 알고 있었다는 뜻이다.

메이도프와 정 반대에는 워런 버핏 같은 인물이 있다. '오마하의 현인'이라 불리는 그는 훌륭한 판단력으로 9만 달러의 투자금을 1억 달러로 키울 능력을 가진 사람이다. 폰지 사기가 발각되기 전 메이도프가 아무리 승승장구했다고 해도, 버핏은 메이도프보다 훨씬 더 편안한 마음으로 잠자리에 들었을 것이다. 그가 메이도프처럼 사기극의 희생양을 쉽게 찾을 수 있어서가 아니다. 자신의 내면에 자리한 공정한 관찰자에게 부끄러움이 전혀 없었기 때문이다. 자신만의 투자 철학을 다른 사람들과 나누고, 진정한 부자의 덕목이 어떤 건지 몸소 실천한 결과다.

스미스의 주장에 따라 추측해본다면, 메이도프는 감옥에 가기 전부터 불행했을 것이 분명하다. 자신 안의 공정한 관찰자에게 이미 범죄 사실을 들켰기 때문이다. 자신의 삶이 많이 잘못됐다는 사실을 아무도 몰랐을 때조차, 적어도 메이도프 자신은 알고 있었다. 그래서일까. 소문에 의하면 메이도프가 체포된 뒤에 불안해하기는커녕 도리어 안도했다고 한다. 더 이상 자기를 속이지 않아도 됐기 때문이었을 것이다.

그렇다면 금지된 약물 복용 사실을 부정했던 랜스 암스트 롱Lance Armstrong(고환암을 극복하고 세계적인 사이클 대회인 '투르 드 프랑스' 7연패의 위업을 달성하여 영웅 대접을 받았던 스포츠 스타 - 편집자 주)은 어떨까? 해마다 그의 친구들은 그의 결백을 주장하며 암스트롱의 명성을 보호하고자 했다. 하지만 그는 친구들이 옹호하는 것이 실은 자신의 거짓말이란 걸 알고 있 었다.

오랜 시간 동안 엄청나게 큰 사랑을 받아온 그였지만, 실제 로 그는 사랑스러운 사람이 아니었다. 이런 이유로, 대중으로 부터 큰 사랑을 받고 있었음에도 정작 본인은 전혀 기쁘지 않 았을 것이다. 밖으로 보이는 자신의 명성과 본모습이 일치하 지 않았기 때문이다.

그의 대중적 이미지는 거짓이었고, 그것은 수많은 사람들 에게 사랑받는 현실과 충돌했다. 그럼에도 불구하고 그는 오 랫동안 그 거짓 사랑을 거리낌 없이 받아왔다. 이런 인간의 모순적인 모습을 스미스는 이미 잘 알고 있었다. 그는 사람들이 자신의 결점이나 사랑스럽지 못한 부분을 가끔 합리화하거나 무시한다는 사실을 알았다. 스미스가 지적한 인간의 자기기만에 대해서는 따로 자세히 얘기하도록 하겠다.

결론적으로 스미스는 스스로 사랑스러운 존재라고 상상만하지 말라고 조언하며, 실제로도 꼭 그런 사람이 되어야 한다고 강하게 주장했다. 그것이 삶의 진리이자 순리이기 때문이다. 모두가 스미스의 주장에 동의할 것이다. 가짜를 좋아할사람은 없으니까. 우리는 스스로 진짜가 되고 싶어 하고 주변사람들이 나에 대해 갖는 생각이 진짜이기를 바란다.

그럴 자격이 없음에도 주변 사람들의 존경이나 사랑, 관심을 받는다면, 그건 진짜 사랑이 아니다. 그러므로 사랑스러운사람으로 평가받지만, 스스로 그렇지 않다고 생각하는 사람은 거짓 생활을 하는 것이다.

이 때문에 스미스는 과분한 칭찬을 받는 사람은 그로 인해괴로움을 느낀다고 말했다. 누구나 칭찬을 들으면 기분이 좋다. 그러나 자신이 칭찬받을 자격이 충분치 않다는 사실을 알면 그 칭찬을 즐길 수 없다. 그 이유는 무엇일까? 내가 아닌다른 사람이 대신 칭찬을 받는 듯한 어색함 때문이다.

내가 하지 않은 행동에 대해, 혹은 실행하지 않은 나의 동기에 대해 칭찬하는 사람은 나를 칭찬하는 게 아니라 다른 사람을 칭찬하는 것과 같다. 그러므로 우리는 그 칭찬으로부터 어떤 만족도 얻을 수 없다.

그런 다음, 스미스는 왜 그런 칭찬에 사람들이 괴로워하는지 새로운 통찰력을 보여준다. 그것은 단순히 그 칭찬이 진실과 달라서가 아니다. 그 칭찬을 듣고 자신의 행동을 되돌아보기 때문이다.

그 칭찬은 우리에게 어떤 비난보다도 더 큰 굴욕감을 안겨준다. 그리고 그 칭찬으로 인해 우리는 세상에서 가장 초라한 반성을 하게 된다. 그 칭찬처럼 되지 못한 지금의 우리 모습에 대해서 말이다.

실제로는 아무런 도움을 주지 못했는데도 단지 지역 사회 프로젝트에 자원했다는 이유로 누군가가 나를 착하다고 칭찬한다면? 그 순간 나는 내가 그 칭찬을 받을 자격이 없다는 사실을 깨달을 것이다. 이뿐만이 아니라, 나의 진짜 착한 모습을 보일 기회가 사라졌다는 안타까운 사실까지 깨달을 것이다. 이렇듯 과분한 칭찬은 어떤 의미에서는 비난과 같다. 내가 할 수 있었지만 못 한 일을 상기시켜주기 때문이다.

물론 그 비난을 무시하고 스미스가 말하는 '근거 없는 칭찬'을 기꺼이 즐기는 사람들도 있기는 하다. 그리고 더 나쁜 사람이라면, 암스트롱이나 메이도프처럼 거짓 생활을 하며 사람들의 칭찬을 유도하려 하기도 한다.

> 있지도 않은 모험담을 얘기하여 주위 사람들의 감탄을 얻어내려는 우매한 거짓말쟁이, 허세인줄 알면서도 높은 신분인 척, 기품 있는 척하는 난봉꾼이라면 자신이 갈채를 받고 있다는 환상에 틀림없이 기뻐할 것이다.

이러한 충동에 빠지는 사람들에 대한 스미스의 반응은 통렬할 따름이다.

> 가장 나약하고 가장 천박한 인간들만이 칭찬을 받으면 크게 기뻐한다. 자신이 절대 그럴 자격이 없음을 알면서도 말이다. 하지만 현명한 사람은 거짓 칭찬을 거부할 줄 안다.

나약하고 바보 같은 사람은 칭찬받을 자격이 없는데도 칭찬받기를, 다시 말하면 사랑스럽지 않은데도 사랑받기를 원한다. 스미스는 내면의 자아와 외면의 자아를 잘 조화시키라고 조언한다. 사람이라면 가끔 실제로 사랑스럽지 않는데도 사랑받고 싶어 할 수도 있다면서. 그러나 이에 대해서도 스미스는 현명한 사람이라면 그런 충동을 억제할 줄 안다고 날카롭게 말한다.

위험한 칭찬의 함정

스미스가 표현한 '받을 자격이 없는 칭찬'이란, 칭찬을 하는 사람의 잘못된 판단에서 비롯된다. 이를테면, 팬들이 진짜 모습이 아닌 스타의 이미지만을 보고 열광하는 것처럼. 물론 스타 자신이 팬들보다 스스로를 더 잘 아니까 그런 실수는 당연히 바로잡을 수 있다. 적어도 이론적으로는 가능하다.

하지만 스스로 믿고 싶은 거짓된 칭찬 역시 언제나 존재한다. 보통 아첨이라고 부르는 이 거짓 칭찬 때문에 잘못된 자신의 이미지를 바로잡기란 쉽지 않다.

아첨에는 두 종류가 있다. 누군가에게 호의를 보일 때 사용하는 사교적인 아첨과, 진실하지 못한 칭찬처럼 어떤 의도나 이유가 숨겨져 있는 아첨이 그것이다. 후자의 경우를 전략적 아첨이라 할 수 있다. 스미스는 아첨이 그렇게까지 사람의 기분을 붕 뜨게 하는 이유를 하나의 메커니즘으로 제시한다. 전략적 아첨에는 그 답례로 상대로부터 무언가를 얻어낼 목적이 있다는 것이다. 이 때문에 상대가 과분하다고 느낄 만큼 전략적 아첨을 쏟아붓는다는 것이 스미스의 설명이다.

내 친구 중 한 명이 수백만 달러의 보조금을 지급하는 대형 의료재단의 고위 임원직에 스카우트 제안을 받았다. 친구가 제안을 받아들이자, 다른 친구가 축하 인사와 함께 이렇게 말했다고 한다.

"앞으로 저녁 식사를 네 돈 주고 먹는 일은 없겠네. 이제 네가 솔직한 칭찬을 듣는 것도 끝이겠구먼."

그 친구가 칭찬받을 자격이 없단 뜻이 아니라, 대가를 바라는 사람들로부터 거짓 칭찬을 아주 많이 듣게 될 거라는 의미였다. 진심이 배제된 전략적 아첨은 가짜 사랑이다. 사랑받을 자격이 없는 사람에게 사랑받고 있다는 느낌을 주는, 이름 그대로 '가짜' 사랑일 뿐이다.

많은 학생이 기말시험 답안지를 제출하면서 내게 하는 말이 있다.

"교수님, 이번 학기 수업 정말 좋았어요."

이런 칭찬을 들을 때마다 늘 거북한 느낌이 든다. 그들 중 일부는 진심으로 한 말일 수 있다. 물론 내 입장에선 모든 학생들의 칭찬이 진심이길 바란다. 하지만 이런 내 바람은 시험 점수가 나오는 순간 무색해지고 만다. 점수가 나오기 전엔 만날 때마다 그런 말을 하는 학생들이 많았는데, 점수가 나온 후에는 눈에 띄게 확 줄기 때문이다. 가짜 사랑을 받았다는 증거다.

이런 가짜 사랑은 주위에서 꽤 흔히 볼 수 있다. 여러 해 동안 한 조직의 대표로 지내다가 그 직책에 지쳐버린 친구가 있었다. 직업을 바꾸어 다른 일을 하기로 결심한 친구는 후임자가 쉽게 대표 역할을 할 수 있도록 인수 과정을 계획했다. 인수 과정이 끝난 뒤, 그는 후임자를 만나 커피를 마시며 일이 어떻게 진행되고 있는지 물었다. 후임자는 모든 게 좋다고 말했다.

하지만 후임자를 괴롭히는 한 가지가 있었다. 후임자가 새 대표가 되자, 그의 농담이 어느 순간 지나치게 재미있어진 것이다. 대표가 되기 전부터 그는 회의 자리에서 소소한 농담으로 사람들을 즐겁게 해주는 능력이 있었다. 그런데 대표가 된 이후부터 사람들이 그의 농담에 오버스러운 반응을 보이기 시작한 것이다. 그의 입장에선 '내가 전보다 유머실력이 늘었구나'라고 믿고 싶겠지만, 그건 그냥 바람일 뿐 실제로는 그게 아니란 걸 그 역시 잘 알고 있을 것이다.

사람들은 누구나 사랑스러운 사람이 되고 싶어 하기 때문에, 가끔은 주변 사람들의 기대에 걸맞은 행동을 하고 있다는 착각에 빠진다. 그리고 주변 사람들이 '다 당신 덕분이에요'라고 할 만큼의 능력을 갖추었다고 착각한다.

나 역시 기말 고사 점수가 나온 이후, 강의 칭찬을 해주는 학생들 수가 현격히 줄어도 '이번 학기 수업은 내가 생각해도 좋았어'라고 믿을 수 있다. 수백만 달러의 보조금을 지급하는 재단의 내 친구도 사람들이 자꾸 살이 빠졌는지(실은 '정말 멋져 보입니다!'의 뜻) 묻는 이유가, 자신이 재단의 예산 관리자라는 사실과는 아무런 관계가 없다고 믿을 수 있다.

전략적 아첨은, 자신이 받는 칭찬이 진짜라고 믿고 싶어 하기 때문에 성공할 수 있다. 그런데 아첨을 늘어놓는 사람들 역시 사랑받고 사랑스러운 사람이 되는 것을 중요하게 생각한다는 사실을 알고 나면, 반대로 전략적 아첨을 잘 골라낼 수 있다. 그럼 전략적 아첨에 홀렁 넘어갈 가능성을 줄일 수 있다.

우리의 인생은 다방면에서 우리에게 영향을 주고 싶어 하는 사람들로 가득 차 있다. 내가 사랑받고 싶어 하는 것처럼, 내 주변 사람들도 똑같이 다 사랑받고 싶어 한다. 때때로 그들은 전략적인 이유 때문에, 또는 그냥 실수로 우리를 속이곤 한다. 실제로는 그렇지 않은데도 내가 그런 사람이라고 착각하게 만든다.

스미스는 우리에게 이런 아첨에 속지 말라고 조언한다. 그는 자기 자신을 솔직하게 대면하라고 권한다. 그래야 현실이 정반대임에도 불구하고 '나는 충분히 사랑스러워!'라며 자기 최면을 거는 우를 범하지 않기 때문이다.

현명한 사람은 자신에게 어울리지 않는 칭찬을 거부할 수 있다. 그러나 현명해지는 게 어디 그리 쉬운가. 특히 우리가 가장 거부하기 힘든 것은 바로 스스로에게 건네는 칭찬이다.

**How Adam Smith
Can Change
Your Life**

진짜와
가짜
구별하기

'나는 나의 민낯을 정직하게 본다.'

이런 믿음이야말로

가장 심각한 자기기만이다.

10대 시절에, 포크 싱어인 부부 듀엣 리처드 앤 미미 파리
냐Richard and Mimi Fariña를 매우 좋아했었다. 아쉽게도 요즘에는
그들을 기억하는 사람이 거의 없지만, 인간의 본성인 자기기
만을 보여주는 예로 이들 부부의 이야기보다 더 그럴듯한 예
가 없는 것 같다.

미미가 스물한 살이 되던 날, 리처드는 미미를 위해 캘리포
니아 해안의 작은 마을에서 성대한 생일 파티를 열어주었다.
사실은 그날 미미의 생일 말고도 축하할 일이 하나 더 있었
다. 리처드도 소설을 막 출간한 것이다. 그렇게 즐거웠던 생
일 파티 도중 리처드 파리냐는 친구와 오토바이를 타고 드라
이브를 나갔다. 그런데 흥분한 친구가 제어가 어려울 정도로

오토바이를 심하게 몰았고 결국 사고가 나고 말았다. 경찰의 말에 따르면 그들이 탄 오토바이가 급선회할 때의 속도가 무려 시속 140킬로미터 이상이었다고 한다. 친구는 구사일생으로 살아남았지만, 불행히도 리처드는 공중으로 튕겨 나가 사망하고 말았다.

리처드 파리냐는 엄청난 카리스마를 지닌 재능 있는 인물이었다. 그토록 뛰어난 사람이 젊은 나이에 예기치 못한 죽음으로 떠나자 아내인 미미뿐 아니라 그와 가까웠던 모든 사람들은 억장이 무너져내릴 것 같았다. 특히 미미의 고통은 다른 사람이 상상할 수 없을 만큼 컸다. 자신의 생일을 축하하려다 남편이 죽었다는 슬픔을 어찌 말로 표현할 수 있을까.

미미처럼 포크 싱어로 활동 중이던 미미의 언니 조안 바에즈Joan Baez도 유명한 가수였는데, 당시 순회공연차 유럽에 머물고 있었다. 황망한 부고를 듣고 그녀는 동생에게 당장 공연을 취소하고 달려가겠다고 했다. 하지만 언니에게 부담을 주고 싶지 않던 미미는 이렇게 말했다.

"언니, 무리해서 그럴 필요 없어. 리처드 장례식은 우리가 알아서 치를게."

당장 와주지 않아도 된다는 미미의 말은 진심이었을 수도 있고 아니면 언니를 편하게 해주려는 배려였을 수도 있다.

이쯤에서 한번 생각해보자. 동생 남편의 장례식이나 친구 어머니의 장례식에 참석하는 일이 얼마나 중요할까? 급작스럽게 연락받은 장례식에 가지 못하는 이유야 늘 많은 법이지만, 어쨌거나 한 가지 선택을 해야 한다. 장례식에 가거나, 가지 않거나. 미미의 언니 조안 바에즈도 마찬가지로 선택을 해야 했다. 팬들의 기대에 부응하며 순회공연을 계속할 것인지, 혹은 당장 모든 공연 일정을 취소하고 고향으로 날아가서 동생을 위로할 것인지. 이들의 스토리는 뒤에서 계속된다. 예상치 못한 결과와 얘기가 꽤 흥미로우니 기대해도 좋다.

이번에는 피부에 와 닿는 현실적인 예를 들어보자. 합법적이라고 생각하는 기준을 벗어난 컨설팅 기회가 찾아왔다고 치자. 그 일을 맡는다면 평소 고수해왔던 원칙을 어겨야 한다. 하지만 그 정도쯤은 사소하게 생각하며 스스로에게 '정말 별 일 아니야'라고 이야기한다. 이 컨설팅은 무척 중요한 기회니까.

혹은 상사가 옳지 않은 일이나 심지어는 회사를 위험에 빠뜨릴 수도 있는 일을 요청한다고 치자. 그 일이 위험한 건 맞지만 얼마나 위험한지는 가늠하기 어렵다. 상사는 신속한 수익을 약속하는 인수 계약에 찬성하기를 바라지만, 계약을 통해 벌어질 장기적인 시나리오는 무시무시할 정도로 리스크가 크다.

이 경우, 브레이크를 걸 것인가? 아니면 그 일에 뛰어들 것인가? 질문을 바꿔 다시 묻겠다. 당신은 사랑스러운 사람이 되기 위해서 무엇을 기꺼이 포기할 것인가?

위에서 말한 불법적 컨설팅이나 위험한 계약은 일생일대의 큰 결정이지만, 일상생활을 하면서 우리는 늘 크고 작은 선택을 이어간다. 예를 들자면 이런 경우처럼 말이다.

일요일 아침, 점심을 먹기 전이다. 서두른다면 체육관에 가서 운동할 시간이 충분하다. 사실은 이게 진짜 내가 원하는 것이다. 그런데 아들 녀석이 수학 문제 푸는 걸 도와달라 하고, 아내는 서둘러 마트에 다녀올 수 있느냐고 묻는다. 그리고 병원에서 막 퇴원한 이웃 역시 병문안 차 들러주기를 은근히 기대하고 있다. 이 모든 일을 전부 할 수는 없다. 그렇다면 어떤 일을 하는 게 가장 옳은 선택일까?

앞서 일상의 사소한 결정들이라는 표현을 썼지만, 실은 결코 사소한 일들이 아니다. 하루하루 이러한 선택들이 쌓이고 쌓여 결국 삶을 이루는 게 아닌가. 그런데 우리는 과연 그때마다 가장 옳은 선택을 하고 있는가? 사랑스러운 사람이 되려면 이런 선택을 지혜롭게 할 줄 알아야 한다. 아쉽게도 우리는 그러기엔 부족한 점이 많다.

자아도취가 불러오는 비극

인간이 이기적인 이유, 나아가 잔인한 이유에 대한 설득력 있는 설명 중 하나는 이렇다. 일부 사람들이 공정한 관찰자를 상상하지 않거나, 상상할 마음조차 없거나, 아니면 사랑스러워지는 데 관심 자체가 없다는 것이다. 그럴듯한 얘기다.

그러나 애덤 스미스의 생각은 달랐다. 공정한 관찰자가 정한 기준, 혹은 주변 사람들의 기준에 왜 부응하지 못하는지, 그 이유에 대해 스미스는 다른 견해를 갖고 있었다. 바로 인간이 자기기만에 빠지기 쉽기 때문이다. 그에 의하면 우리는 "공정한 관찰자가 실은 그렇게 공정하지 않아"라며 스스로를 속인다. 결국 자기애에 취한 나머지 공정한 관찰자이자 '가슴 속 그 사람'을 짓눌러버린다는 것이다.

인간은 맹렬하고도 부당하기 짝이 없는 이기적인 욕망에 압도당한 나머지 '가슴속 그 사람', 즉 공정한 관찰자의 얘기를 제대로 듣지 못한다. 그리고 누가 봐도 옳지 않은 일들을 저지른다.

인간은 매 순간 옳은 일을 하기에는 부족한 면이 많다. 이기적인 욕망 앞에서 너무 쉽게 무릎을 꿇기 때문이다. 하지만 다행인 건 그 순간이 지나고 나면 침착하게 자신의 행동을 반성할 수 있다.

> 실제 이기적인 행동을 저지르고 나서 그 행동을 부추긴 욕망이 사라지고 나면, 그제야 우리는 공정한 관찰자의 목소리를 제대로 들을 수 있게 된다. 그리고 공정한 관찰자의 눈으로 자신의 행동을 되돌아보게 된다.

적어도 이론적으로, 과거 행동에 대한 인간의 반성은 깨달음과 배움의 과정을 거쳐 변화의 욕구로 이어질 수 있다. 더불어 과거에 저지른 실수를 반복하지 않겠다고 결심할 수 있다. 물론 이론적으로 말이다.

하지만 유감스럽게도 인간이 과거의 행동을 반성할 때 항상 솔직한 것은 아니라고 스미스는 말한다. 자기 행동에 대한 솔직한 평가를 감당하는 건 고통스러운 일이기 때문이다.

> 스스로가 부정한 사람임을 인정하는 건 매우 불쾌한 일이기 때문에, 우리는 종종 현실을 직시하지 않고 외면하려 한다.

사랑받고 사랑스러운 사람이 되는 것에 대한 스미스의 생각을 풀어 말하면 대략 이렇다.

'우리는 사랑받고 싶어 할 뿐 아니라, 자신을 사랑스러운 사람으로 생각하고 싶어 한다.'

즉, 자신을 실제 그대로 보지 않고 이상적인 모습으로 바꿔 생각한다는 뜻이다. 자기기만은 솔직한 자기인식보다 훨씬 마음을 편하게 만든다. 그래서 사람들은 스스로를 속이기를 좋아한다. 자기 자신을 속이는 게 심적으로 훨씬 더 즐겁기 때문이다. 솔직한 자기인식에 있어서 사람들은 모두 겁쟁이다.

> "저 의사는 정말 용감하다."
> 자신의 몸을 직접 수술할 때도 손을 떨지 않는 의사를 두고 사람들은 이렇게 말한다. 그런데 이 의사만큼 용감한 사람이 또 있다. 자기 행실의 결점을 가려버리는 자기기만이란 베일을 과감히 벗을 줄 아는 사람이다.

베일은 세상으로부터 내 얼굴을 가려주기 때문에 신비로운 느낌이 든다. 그러나 스미스가 『도덕감정론』에서 말한 자기기만의 베일이란, 세상이 아닌 나 자신으로부터 내 얼굴을 가려준다. 그 신비로운 베일 덕분에 우리는 자신의 민낯을 외면할 수 있다.

우리는 거울 속에 비친 신체적인 기형이나 아주 사소한 신체적 결점에 민감하게 반응한다. 아픈 이를 자꾸 혀로 건드리게 되듯이, 눈도 자꾸 그 결점들에 쏠리게 된다. 그렇다면 자신의 도덕적인 결점에는 어떠한가? 남편으로서, 아버지로서, 아들로서, 아니 친구로서의 나의 결점은? 그러한 결점을 들여다볼 거울은 존재하지 않는다. 그래서인지 대체로 우리는 자신의 도덕적인 결점에는 둔감한 편이다.

인간의 삶에 대한 깊은 통찰력을 지녔던 물리학자 리처드 파인만Richard Feynman은 이렇게 말했다.

"첫 번째 원칙은 자기 자신을 속여서는 안 된다는 것이다. 그런데 애석하게도 자기 자신이야말로 세상에서 가장 속이기 쉬운 사람이다."

나는 누구인가? 가끔 나는 나를 가장 속이기 쉬운 사람이 된다. 나 자신이 얼마나 쉽게 속는가는 얼마든지 증명해낼 수 있다. 다른 사람들도 물론 스스로를 속이고 있다. 하지만 대부분 '나는 아니다'라고 착각한다. 그것도 절대 아니라고 생각하며 이렇게 되뇐다.

'나는 나의 민낯을 정직하게 본다.'

하지만 이런 믿음이야말로 가장 심각한 자기기만이다.

두 자매의 엇갈린 본심

인간이 자기 자신을 명확하게 볼 수 없다는 스미스의 생각은, 심리학과 경제학의 교차 지점에 있는 행동경제학의 여러 문헌에서도 확인할 수 있다. 행동경제학은 현대 경제 모델이 주장하는 합리성에 도전장을 던진 새로운 학문 분야다. 행동경제학의 창시자이자 노벨경제학상 수상자인 대니얼 카너먼 Daniel Kahneman은 아모스 트버스키Amos Tversky와의 실험 연구를 통해 사람들이 얼마나 쉽게, 그리고 자주 현실을 잘못 인식하는지 밝혀냈다. 카너먼과 2002년 노벨경제학상의 공동 수상자였던 버넌 스미스Vernon Smith 역시, 실험을 통해 사람들의 이런 실수가 오히려 시장에서 이점으로 작용하기도 하는 현상을 증명하기도 했다. 애덤 스미스는 분명 대니얼 카너먼과 버넌 스미스의 연구를 인정하면서 두 사람을 자신의 후계자로 생각했을 것이다.

이들에 따르면, 자신의 집이 혹은 자신의 능력이 실제보다 더 좋고 훌륭하다고 생각하는 사람들이 집을 팔거나 직장을 구할 때 실제로 더 높은 평가와 인정을 받는다. 자신을 제대로 보지 못하는 인간의 특징이 거꾸로 이점으로 표출되는 경우다.

대니얼 카너먼과 버넌 스미스의 연구 결과처럼, 사람들 중 일부는 약간의 자기기만이 자신에게는 물론 사회생활을 하는 데 이점이 있다고 주장할 수 있다. 그래서 자존심이나 자신감이 조금 과해도 괜찮다고 생각한다. 그러나 자기기만, 혹은 자신의 장점을 과대평가하는 데 대한 스미스의 생각은 단연코 부정적이다.

> 자기기만은 인간의 치명적인 약점이다. 인간이 살면서 겪는 혼란의 절반은 바로 이 자기기만에서 비롯된다. 인간이 다른 사람의 관점에서 자신을 바라볼 줄 알기만 해도 자기기만이란 맹점에 빠지지 않는다. 자기기만을 계속 방치한다면 결국 우리는 거짓된 자기 모습을 견디지 못하게 될 것이다.

당신은 당신이 생각하는 것만큼 사랑스럽지 않다. 나도 내가 생각하는 것만큼 사랑스럽지 않다. 이 현실을 직면하지 못하는 무능함, 자신이 실제보다 더 사랑스럽고 도덕적이라는 착각 때문에 우리는 자신의 결점을 고치지 못한다.

그런데 문제는 자신의 도덕적 결점은 잘 보지 못하면서 다른 사람의 도덕적 결점은 너무 빨리 파악한다는 데 있다. 스미스는 이런 시각의 불균형에 대해 조심하라고 경고한다.

다행히 이 불균형을 바로 잡는 방법이 있다. 하시디즘 Hasidism(18세기 초 율법에 따른 경건함을 강조한 신비주의적 종교운동 - 편집자 주)의 창시자이자 유대교 신비주의자인 바알 셈 토브Baal Shem Tov로부터 이를 배울 수 있다. 바알 셈 토브는 『도덕감정론』이 출간된 이듬해에 세상을 떠났는데, 그는 주위 사람들의 결점을 통해 자신의 결점을 되돌아보는 일이 수양에 도움이 된다고 했다. 그의 가르침에 따르면, 결점이 있는 이웃들은 곧 나의 결점을 고치도록 돕는 이상적인 거울이 된다.

따라서 동료가 사소한 일에 짜증낸다면, 사소한 일에 예민하게 군다고 당황해할 것이 아니라 이를 거울삼아 나도 사소한 일에 짜증낸 적 없는지 스스로에게 물어봐야 할 것이다. 마찬가지로 어린 아들이 짜증을 낸다면, 기억을 거슬러 내가 어릴 때 짜증을 어떻게 가라앉혔는지 생각해낸 뒤 이를 아들에게 몸소 보여줘야 할 것이다.

스미스 역시 우리가 주위 사람들을 거울삼아 점점 나아질 수 있다고 생각했다. 그는 자기기만이 인간의 치명적인 약점이긴 하지만, 다행히 공정한 관찰자의 영향력을 강화시켜 이를 극복할 수 있다고 말했다.

조물주는 자기기만이라는 인간의 약점을 방치하지 않았다. 또한 인간이 완전한 착각 속에 빠져 살도록 내버려두지도 않았다. 다행히 우리로 하여금 다른 사람들의 행동을 지속적으로 관찰하면서 스스로 어떻게 사는 게 옳은지 깨닫게 만들었다.

우리는 다른 사람의 행동을 관찰하면서 무엇이 적절하고, 적절하지 않은지 배운다. 세상을 통해 알게 되는 사회적 규범과 도덕 원칙을 통해 우리는 어떤 행동은 존경을, 어떤 행동은 비난을 부르는지 알 수 있다. 이를 통해 이기심으로 가득한 욕망을 잠재우고 이에 맞서 싸울 수 있다.

동시에 우리는 사람들이 어떤 행동 방침을 선택하는지도 지켜본다. 그리고 그 행동이 다른 사람들에게 어떤 평가를 받는지 주시한다. 만약 그 행동이 부정적인 평가를 받는다면 그 행동을 따라 하지 않는다. 반대로, 긍정적인 평가를 받는다면 직접 그 행동을 하고자 마음먹는다.

반대로 우리는 타인의 옳은 행동을 인정할 줄 안다. 그리고 주위 사람들 역시 그 행동에 대해 호의적으로 평가하는 걸 들는다. 그 행동에 대해서는 모든 사람들이 존경을 표하고 보답을 하려 한다. 그 행동은 인간이 태생적으로 강력하게 갈망하는 모든 감정들, 즉 사랑, 감사, 존경을 불러일으킨다. 이를 지켜보면서 우리 역시 그 행동을 모방하려고 한다.

혐오스럽거나 반대로 존경스럽다고 생각하는 행동에 대해, 우리는 본능적으로 반응한다. 스미스는 믿었던 사람에게 살해당한 피해자의 경우를 예로 들었다. 사건을 전해들은 사람은, 타인의 반응을 볼 필요도 없이 곧바로 공포에 휩싸인다. 이렇게 타고난 반응과 경험으로부터 얻은 교훈을 통해 우리는 무엇이 옳은 행동인지 알게 된다. 이러한 규범들은 우리 삶의 한 부분을 차지한다. 그리고 이 규범들을 통해 공정한 관찰자는 자기애가 야기하는 나쁜 욕망을 굴복시킬 수 있다.

다시 리처드와 미미 파리냐의 스토리로 돌아와서 얘기를 계속하자면, 미미의 언니 조안 바에즈는 결국 리처드의 장례식에 참석하지 않았다. 유럽에 머물며 순회공연을 끝마치기로 결정했던 것이다. 그녀는 왜 그런 선택을 하게 됐을까?

우선 조안 바에즈의 얘기를 들어보자.

"나는 고심 끝에 유럽에 머물면서 공연을 계속하기로 결정했어요. 그리고 미미에게 말했죠. 리처드는 내가 공연을 계속하길 바랄 거라고요. 제가 공연장에서 리처드의 노래를 부르며 추모하는 걸 그 역시 원하지 않았을까요? 저는 제 자신을 위해서가 아니라 리처드를 위해 공연을 계속하기로 마음먹은 거예요."

그럴 수도 있다. 하늘로 간 리처드 역시 그녀가 공연으로 자신의 존재를 기억해주길 원할 수도 있다. 하지만 불행하게도 미미는 조안 바에즈의 말에 동의하지 않았다. 음악 평론가 데이비드 하쥬David Hajdu가 쓴 1960년대의 포크 음악계를 다룬 책 『Positively 4th Street』를 보면, 미미는 이렇게 말했다.

"언니의 생각은 틀렸어요. 리처드는 분명 언니가 공연을 중단하고 돌아와 장례식에 참석하길 바랐을 거예요."

죽은 자는 말이 없기에, 리처드가 진짜 원한 게 무엇인지는 아무도 모른다. 사실 조안의 말이 맞든, 미미의 말이 맞든, 이는 중요한 것이 아니다. 문제는 리처드가 자신의 선택을 원했을 것이라고 굳게 믿었던 조안의 자기기만에 있다. 그녀는 스스로가 아닌 리처드를 위해 공연을 계속 진행한 것이라고 자신 있게 말했다.

'나에게 좋아 보이는 일이 실제로 당신에게도 좋다.'

이 기이한 논리의 역전을 알아챘는가? 이제부터 당신은 이를 더 자주 알아챌 것이다. 누군가에게 전화로 뭔가를 열심히 말하고 있는데, 상대방은 정작 별 관심을 안 보일 때가 있다.

이런 경우에서도 이 기이한 논리의 역전을 발견할 수 있다. 상대는 꾹 참고 듣다 더 이상 참지 못하겠다는 듯 이렇게 말할 것이다.

"당신을 놔드릴게요I'll let you go."

문장의 사전적 의미는 '당신을 놔드릴게요'이지만, 실제 의미는 "전화 끊을게요" 아닌가. 하지만 상대는 마치 호의를 베푸는 것처럼 '놔준다'고 말하며 전화를 끊는다.

이런 경우는 어떨까? 가족들과 더 많은 시간을 보내고 싶다는 이유로 축구 코치 일을 그만두려는 사람이 있다. 하지만 그는 다른 팀이 그에게 일자리를 제안할 때만 일을 관둔다. 가족과 많은 시간을 보내겠다던 사람이지만, 실은 1주일에 100시간이나 일하는 코치직을 다시 맡을 준비 또한 완벽히 되어 있는 것이다.

사람들이 실제로는 이기적인데도 자신이 이타적이라고 말하는 이유는, 이타적으로 보이고 싶기 때문이다. 그것은 일종의 자기광고다. 사랑받고 싶어 하는 바람을 이타적인 형태로 표현할 뿐이다.

자신의 이기심을 더욱 친절해 보이는 행동으로 은폐하는 것이다. 그리고 스미스는 또 다른 이유를 제시한다. 사람들이 그렇게 행동하는 이유가, 다른 사람들뿐 아니라 자기 자신을 납득시키기 위해서라는 것이다. 사람들은 스스로를 속여 자신이 사랑스럽다고 생각한다. 그래서 실은 자신에게 가장 득이 되는 일인데도, 마치 다른 사람을 위한 선택이라고 스스로를 납득시킨다.

거울을 봐도 내가 안 보일 때

희대의 사기꾼 버나드 메이도프는 어쩌면 워런 버핏만큼 마음 편하게 잠을 잤을지도 모른다. 그는 자신이 투자자들에게 평균 이상의 수익을 안겨주었다고 스스로를 납득시켰을 것이다. 아니면, 그가 관리하던 자선단체 기금이 다 자신이 번 돈에서 나오는 게 아니냐며 스스로를 위로했을 수도 있다.

스미스에 따르면, 우리가 이상적으로 살지 못하는 이유는 우리가 나쁜 사람이어서도 아니고 이기심이 너무 커서도 아니다. 스스로가 이상적 삶에 부응하지 못한다는 사실을 깨닫지 못해서다. 사람들은 자신의 결점을 자기기만의 베일 뒤로 숨길 뿐 아니라 미덕으로 바꾸어놓기까지 한다. 이렇게 되면 우리는 공정한 관찰자를 마주보기가 힘들다.

나 역시 옳은 일을 하지 못할 뿐 아니라 내 결점을 마주하지도 못한다. 또한 잘못된 일이 옳다고 스스로를 납득시키기도 한다. 책을 쓰는 중인데 아들이 숙제를 도와달라고 하면 "아빠 지금 바빠" 하고 거절한다. 그러면서 훌륭한 책을 써내면 성공할 것이고 그러면 아들의 대학 입학금을 벌 수 있다고 스스로를 납득시킨다. 그리고 나 자신에게 이렇게 되뇐다.

"사실 아들은 내가 자기 숙제를 도와주는 것보다, 훌륭한 책을 써내기를 더 원할 거야. 그러니 도와달라는 아들의 부탁을 무시한 것은 이기적인 행동이 아냐. 아주 이타적인 일이라고."

개인의 이익이 걸려 있으면 객관적인 태도를 유지하기 어렵다고 스미스는 말한다. 반면 순전히 자신의 이익을 위해 일하면서 옳은 일을 한다고 스스로를 납득시키기는 쉽다. 그러한 상황에서 스스로를 지키는 한 가지 방법은 멘토와 같은 현실에서의 공정한 관찰자를 찾는 것이다. 그들은 우리의 눈을 자주 멀게 하는 자기기만이란 짙은 안개를 걷어줄 것이다.

자기기만에 대한 스미스의 통찰력을 오늘날 확증 편향이라는 말로 표현할 수 있다. 확증 편향은 이의를 제기하거나 반박하는 증거를 무시하고 내 믿음을 확인시켜주는 증거만을 열렬히 받아들이는 성향을 말한다.

자신이 사랑스럽다고 믿고 싶은 사람들은, 자신에 대한 좋지 않은 평가는 잊거나 잘 기억하지 못한다. 반대로 자신의 사랑스러운 이미지를 확인시켜주는 기억은 지나치게 잘 받아들인다. 이런 오류는 대인관계를 넘어서는 영역까지 확대된다. 이런 이유 때문에 스미스도 인생에서 겪는 혼란의 절반이 자기기만에서 비롯된다고 했을 것이다. 사실 어쩌면 절반을 넘어설지도 모르겠다.

사람들은 일상적인 행동에서만 자신을 속이는 게 아니다. 자신의 신념을 구축하는 데 필요한 세계관, 이념과 종교와 같이 눈에 보이지 않는 것들, 세상에 대한 해석에 대해서도 자신을 속인다. 우리가 인식하고 기억하는 모든 증거를 통해 자신의 관점이 맞는지를 증명해내지만, 그 외의 다른 것들에 대해선 분석에 결함이 있다며 묵살하거나 아예 잊어버린다.

내 독자 중의 한 명은 아주 적절한 비유를 들어 이를 표현했다. '우주는 수많은 점들로 가득 차 있다. 그중의 몇 개를 잘 이으면 무엇이든 그릴 수 있다. 그런데 여기서 중요한 것은, 당신이 선택한 점들이 왜 그 지점에 있는지가 아니다. 왜 당신이 나머지 점들을 선택하지 않았는지, 그것이 중요하다.'

우리는 너무나도 자주 이런 오류에 빠진다. 자신이 선택한 점들만으로 그림을 그리고는, 자신이 예쁜 그림을 그렸다며 크게 기뻐한다. 나머지 점들로도 멋진 그림을 그릴 수 있다는 사실은 안중에도 없다.

경제학에서도 이는 중요한 문제다. 케인스주의자들(시장에서 정부의 적극적인 개입을 주장하는 경제학파 - 편집자 주)은 오바마의 경기부양책이 수백만 개의 일자리를 창출하며 미국 경제에 이바지했다는 사실만 주장한다. 그들의 데이터와 연구 결과가 그 사실을 입증하니까. 그러나 반대편의 회의주의자들도 오바마의 경기부양책이 미국 경제에 거의, 아니 전혀 도움이 되지 않았다는 사실을 얼마든지 입증할 수 있다. 케인스주의자들의 데이터와 연구결과는 그들에게 그저 약간의 신빙성밖에 없어 보인다.

어떻게 그럴 수 있을까? 양쪽 모두 자신들이 사랑스러운 존재라고 생각한다. 그래서 어떻게든 반대편의 데이터가 문제가 있거나 그들의 연구가 특별한 이해관계에 의해 이루어졌음을 밝혀내는 데만 혈안이 되어 있는 것이다. 사회생활을 시작한 초기에는 나 역시 내 연구결과가 나의 세계관을 뒷받침해주는 훌륭한 잣대라고 생각했다. 그리고 반대쪽 학자들의 연구에 대해선 쉽게 묵살할 수 있는 결점투성이라고 무시했다. 내 입장에서 그들의 가설은 형편없고 분석은 불완전했다. 하지만 나이가 들수록 자신감이 점점 줄어들기 시작했다. 좀 더 명확하게는 자신감이 줄었다기보다 실은 스스로를 객관적으로 보기 시작했다는 말이 맞을 것이다.

경제는 너무 복잡하기 때문에 이를 구성하는 것들의 상호 작용을 아주 정확하게는 측정해낼 수 없다. 데이터도 충분하지 않고, 상황이 어떻게 서로 맞물리는지 온전히 이해가 안 되는 부분도 많다. 따라서 누가 맞고 누가 틀리다고 확정지어 말할 수 없다. 우리는 밝은 가로등 아래서만 열쇠를 찾는 술꾼과 다름없다. 열쇠가 밝은 가로등 아래 있을 것이라고 확신하는 술꾼 말이다. 실은 가로등 아래가 다른 곳보다 밝기 때문에 그 주위만 맴돌며 열쇠를 찾고 있는 것뿐이면서.

경제학자들은 더 겸손해져야 하고 더 솔직해져야 한다. 경제학의 실증 연구는 매우 불완전하다. 경제학자들은 종종 개인적 이념과 원칙을 위해 자신의 견해를 고수하곤 한다. 그리고 그 견해를 뒷받침하는 증거를 열심히 찾은 후 나머지는 무시해버린다. 한번은 경제학 콘퍼런스에서 이런 일이 있었다. 그때 나는 계량경제 기법을 이용하는 실증 연구에서 어떤 정책을 두고 논쟁을 벌이는 양측을 향해 이렇게 주장했다.

"상대편 의견을 묵살할 정도로 완벽한 연구란 없습니다."

애덤 스미스가 말한 자기기만을 버리라는 뜻이었다. 콘퍼런스에 참가한 저널리스트들은 내 주장에 회의적인 반응을 보였다. 그게 정말 사실인가? 철갑처럼 견고하여 성공을 이룬

내 안에서
나를 만드는 것들

106

연구가 과연 없었던가? 다들 이렇게 생각하는 듯 보였다. 나는 다른 경제학자들에게 반례를 제시할 수 있는지 물었다. 한동안 침묵이 흐르다가 마침내 한 명이 자기 논문을 예로 제시했다. 하지만 그 논문은 특별히 논쟁이 될 만한 주제가 아닌, 애매한 주제를 다룬 연구였다. 오히려 내 주장이 옳다는 것을 다시 한번 입증해준 셈이어서 그에게 고마울 따름이었다.

물론, 나 역시 자기기만에 빠져서 실제로 완벽한 연구가 존재함에도 받아들이지 않는다고 평가받을 수 있다. 재차 강조하지만, 경제정책 중 논쟁이 되는 부분을 완벽하게 뒷받침하는 연구 결과는 사실상 존재하지 않는다. 상황에 영향을 주는 변수들이 너무도 많기 때문이다. 경제학자 F. A. 하이에크F. A. Hayek는 경제학자들의 이러한 과신을 '지식의 가장the pretence of knowledge'이라 불렀다.

나심 탈레브의 뼈아픈 충고

이렇듯 알면 알수록 복잡한 인간 세계를 정확하게 이해하는 키워드 중 하나가 바로 사상가 나심 탈레브Nassim Taleb의 '이야기 짓기 오류'(복잡한 상황을 자기 식으로 해석한 이야기를 통해 받아들이는 것 - 편집자 주)다. 사람들은 본래 멋지고 깔끔한 패턴의 이야기를 좋아한다. 따라서 그런 이야기를 뒷받침하는 증거 또한 사람들은 정설로 받아들인다. 그리고 그 이야기에 맞지 않는 다른 증거는 쉽게 무시하고 잊어버린다.

미국 신문이나 웹사이트 경제면에는 그날이나 그 전날의 주식시장에 대한 기사가 거의 매일 등장한다. 매체에 따르면, 주가가 하락한 이유는 노동통계청의 부정적 현황 보고서 때문이거나 연방준비제도이사회 의장의 발언에 투자자들이 겁먹었기 때문이다. 그게 아니면 투자자들이 초조해하거나 변덕을 부리는 등 심적으로 위축되었기 때문이다.

그런데 그다음 날 주가가 올라가면, 경제학자들은 갑자기 180도 다른 설명을 들먹인다. 자연스럽게 이런 의문이 들 수밖에 없다. "불과 24시간 전만 해도 투자자들이 위축돼 있다고 분석하지 않았나? 바로 어제 연방준비제도이사회 의장이 투자자들에게 겁을 준 발언을 했을 텐데? 노동통계청의 데이터 결과도 충격적이었고."

이상해 보이지만 실은 전혀 이상할 게 없다. 어제 주가를 끌어내린 요인이 오늘의 주가를 끌어올리는 요인으로 뒤바뀔 수 있다. 그건 전혀 어렵지 않다.

투자자들은 하루 만에 위축된 마음을 탈탈 털어버렸고, 연방준비제도이사회 의장의 발언은 생각만큼 암울하지 않아서 오히려 투자자들의 기분을 들뜨게 했다. 또한 노동통계청의 데이터가 충격적이긴 했지만, 경제분석국이 내놓은 새로운 데이터는 투자자들에게 충분히 낙관적인 전망을 안겨주었다. 브라보! 그러니 주가는 당연히 상승할 수밖에 없다!

세상은 복잡한 곳이다. 어제의 주가가 왜 올랐는지, 혹은 내렸는지는 세상 모든 사람이 잘 설명할 수 있다. 하지만 당장 내일의 주가가 어떻게 될지는 그 누구도 예측할 수 없다. '이야기 짓기 오류'의 전형을 보여주는 예라 할 수 있다.

앞서 얘기했던 콘퍼런스에 참가한 경제학자들은 자신의 지식을 정말 열심히 말한다. 그 얘기를 듣는 기자들은 그들이 과연 전문가답다고 생각할 것이다. 이것이야말로 확증 편향의 거짓된 힘이다.

진짜 내 모습을 가린 베일을 벗지 않는 인간의 성향, 타인에게는 적용하는 규칙을 자신에게는 적용하지 않으려는 인간의 성향에서 비롯된 힘. 이렇듯 우리는 자기 인생을 구성하는 스토리 중 원치 않는 일부를 마음대로 삭제하거나 '이야기 짓기 오류'를 범하며 산다.

집 지하실에 물이 새서 방수업자에게 견적을 내달라고 하면, 그는 집 주위에 도랑을 파고 집의 하부 구조를 떠받칠 기등을 다시 세우는 데 족히 3만 달러는 써야 한다고 말할 것이다. 그런가 하면 배수펌프를 파는 사람은 배수펌프를 설치해야 한다고 권할 것이다. 지붕 물받이를 고치는 사람은 물받이를 교체해야 한다고 말할 것이고, 정원사는 갓길을 만들어 집에 들어오는 물을 흘려보내자고 할 것이다. 이처럼 망치를 든 사람의 눈에는 모든 게 못으로 보이기 마련이다.

이들이 순전히 자신의 이익을 취하려고 그렇게 얘기한 것이 아니다. 내 돈을 뜯어내려는 악의적인 의도가 있는 것이 아니란 뜻이다. 실제로 그들은 지하실에 물이 새서 고민하는 나를 돕고 있다고 생각한다.

다만 자신들이 제시한 방법보다 더 효과적이거나 비용이 저렴한 다른 해결책을 무시할 뿐이다. 하지만 그들의 마음만은 여전히 진실하다. 이 사실로 인해 그들은 스스로 제시한 방법을 가장 효과적인 것으로 생각하고, 결국 다른 방안은 생각하지 못한다.

19세기 의사들은 산욕열(분만으로 생긴 생식기의 상처에 균이 침입하여 생기는 병 – 편집자 주)로 사망하는 산모 수를 줄이려고 무던히 애썼다. 그런 그들이 정작 급히 산부인과 병동으로 달려갈 땐, 시체를 부검한 손을 제대로 소독도 하지 않은 상태였다. 세균 범벅이 된 자신들의 손이 산모에게 병을 옮기고 있다는 걸 깨닫지 못한 것이다. 당시 유럽에서는 산모 6명 중 1명이 사망할 정도로 섬뜩한 수준의 사망률이 위세를 떨쳤다. 그러나 의사들은 자신들이 사랑스러운 존재라고 믿었기 때문에, 높은 사망률의 원인이 자신들에게 있을 거라고는 생각도 못 했다.

이런 착각은 결국 산욕열의 위험 인자가 공기 중에 있다는 엉뚱한 결론으로 모아졌다. 이 때문에 의사들은 가정 분만이 병원 분만에 비해 산욕열 발생 빈도가 극적일 정도로 줄어든다는 사실을 어떻게든 증명해야만 했다.

이런 사실에 의심을 가진 사람이 헝가리 출신 의사였던 이그나츠 제멜바이스Ignác Semmelweis다. 그는 산욕열과 예방 치료에 관한 이론을 제시하며, 의사들이 소독약으로 손을 철저하게 닦아야 산욕열을 없앨 수 있다고 동료 의사들을 설득했다.

하지만 의사들은 그의 말을 무시하고 그저 병원 공기를 환기하는 데 열중했다. 왜 의사들은 그의 말을 듣지 않았을까? 제멜바이스가 맘에 안 들어서?

애덤 스미스는 왜 동료들이 제멜바이스의 충고를 듣지 않았는지 명쾌하게 설명한다. 동료 의사들은 단순히 손을 깨끗이 씻는 것만으로 산모 수천 명의 목숨을 구할 수 있다는 사실을 받아들이려 하지 않았다. 다시 말해, 그들은 제멜바이스의 말을 믿고 싶어 하지 않았다. 그 말을 믿어야 한다고 생각하는 것 자체를 너무나 고통스러워했다. 자신들이 사랑스러운 사람이 아니라는 걸 받아들여야 했기 때문이다.

나심 탈레브는 파리를 여행하는 사람에게 지도가 있으면 매우 유용하겠지만, 그 지도가 뉴욕의 지도라면 얘기가 달라진다고 말한다. 파리에서 뉴욕의 지도를 보느니 지도가 아예 없는 편이 나은 법 아니겠는가. 그러니 길을 잃은 것도 모르면서 지나친 자신감을 갖는 것보다 차라리 길을 잃은 현실을 직면하는 게 낫다.

자기기만에 대한 스미스의 생각은 이성의 한계를 다시 한번 생각하게 만든다. 이성의 한계를 깨닫는다고 해서, 반이성적이 되거나 미신을 믿거나 과학을 믿지 말라는 의미가 아니니 오해 마시길. 다만 과학자들 역시 한계를 가진 인간이라는 점은 잊지 말아야 한다.

제아무리 훌륭한 과학적 분석이라도 때로는 아예 분석을 안 하느니만 못한 때도 있다. 과학자들의 자기기만 위험성 때문이다. 이를 두고 하이에크는 '과학만능주의'라는 이름의, 과학에 대한 환상을 경고하기도 했다.

이성의 한계에 대한 자각은 인간이 생각만큼 똑똑하지 않다고 일깨워주는 경고다. 인간에겐 분명 결점이 존재한다. 이

것을 인정하는 것이 곧 지혜의 시작이다.

실제로 세상의 많은 것들은 망치로 두드려도 아무 쓸모가 없는 못과 같다. 그 사실은 망치를 가진 이들에게 겸손하라는 통렬한 충고를 던진다. 무조건 두드린다고 다 자신에게 득이 되는 것이 아니라는 경고와 함께.

겸손은 후천적으로 갖게 되는 태도다. 겸손해지려는 마음은 따뜻하게 차려진 음식을 맛보는 듯한, 기분 좋은 경험을 선사한다. "저는 잘 모릅니다"라고 솔직히 말하는 게 얼마나 큰 해방감을 주는지 경험해보기 바란다.

당신과 경쟁 중인 상대는 사악한 사람이 아니다. 상대는 단지 세상을 다른 렌즈로 보거나, 당신과는 다른 방식으로 결과를 평가할 뿐이다. 당신에게는 결정적인 사실이나 연구 결과, 증거로 여겨질지라도 상대는 이를 얼마든지 반박할 수 있다. 심지어 상대는 자신의 반박을 뒷받침하기 위해 설득력 있어 보이는 증거까지 제시할 것이다.

세상은 복잡한 곳이다. 희곡 『햄릿』에서도 주인공인 햄릿이 친구 호레이쇼에게 이렇게 얘기하지 않았던가.

"호레이쇼, 천지간에는 우리들의 학식으로는 해결할 수 없는 일들이 많다네."

자기기만에 대한 스미스의 생각을 일상에 적용하는 것은

쉽지 않다. 우린 상대가 자신의 결점을 모르고 자신의 주장을 과신한다고 믿는다. 따라서 내 세계관 너머의 심오한 진실을 상대가 알 리 없다고 결론내리고 만다. 실은 내가 그럴 수 있는데도 말이다.

사람들은 자신을 제외한 모든 사람들을 속이는 것이 쉽다고 생각한다. 하지만 그보다 더 속이기 쉬운 사람이 있다는 걸 이제 알았을 것이다.

파인만의 지적을 기억하라. 세상에서 가장 속이기 쉬운 사람은 바로 '나 자신'이다. 자신은 절대로 자기기만에 빠지지 않았다면서 스스로를 속이지 마라.

'바다는 계속 들어갈수록 깊어진다.'

나심 탈레브가 2012년에 출간한 책 『안티프래질Antifragile』에서 인용한 베네치아의 속담이다. 많은 것을 알아갈수록, 앞으로 알아야 할 게 얼마나 많은지 더 깊이 깨닫게 된다. 그러니 모든 것을 알고 있는 척할 필요가 전혀 없다. 무지를 인정하면 더없이 행복할 수 있으므로.

스미스는 인간의 본성에 결점이 있음을 알려준다. 사랑스러운 존재가 되려는 인간의 욕구는 반대 의견을 아예 묵살해버릴 정도의 무서운 힘을 발휘한다.

우리는 스스로를 속여 자신이 사랑스럽다고 믿을 수 있다.

그러나 그러면서 정작 진짜로 사랑스러운 존재가 되고자 노력하지는 않는다. 또한 자신을 솔직하게 바라보려고 애쓰지도 않는다. 사랑받으려는 인간의 욕구 자체가 위험하다는 스미스의 말은 그래서 더 의미 있게 다가온다.

How Adam Smith
Can Change
Your Life

잘되는
사람은
어떤 선택을
할까

20대에는 의지,

30대에는 기지,

40대에는 판단이 지배한다.

오래 살기를 바라기보다

잘 살기를 바라라.

-벤저민 프랭클린-

에든버러의 밤, 가느다란 빗줄기가 그칠 기미를 보이지 않는다. 나는 지금 애덤 스미스가 생애 마지막 12년을 살았던 팬뮤어하우스 앞에서 비를 맞으며 서 있다. 그가 문을 열고 나와 비에 흠뻑 젖은 내 모직 코트를 친절히 받아주었다. 나는 그를 따라 집 안으로 들어선다.

그의 벽돌집은 외풍이 심해서인지 몹시 춥다. 하지만 다행히 거실의 난로가 아늑한 공기를 만들어주었다. 둘러보니 사방이 책꽂이와 책들로 가득 차 있다. 눈짐작으로 대충 봐도 3,000권은 되는 것 같다. 그중 대부분이 지금은 보기 힘든 고급스러운 가죽 제본이다.

스미스는 나의 젖은 코트가 잘 마르도록 난로 가까이에 걸

어두곤 내게 스카치위스키 한 잔을 건넨다. 라프로익이나 라 가불린을 주려나? 아니, 그럴 리가 없지. 두 위스키는 1815년 과 1816년이 돼서야 출시됐으니. 그는 내게 보우모어를 건넸다. 애덤 스미스는 어떤 술을 선택했냐고? 유감스럽게도 그는 애주가가 아니다. 이 위인에게 무엇을 물어볼지 고심하면서 작은 잔에 담긴 위스키를 홀짝이는 동안, 그는 옆에서 따뜻한 차를 음미하고 있다.

점잖은 신사인 그는 내가 불편해한다는 사실을 감지했는지 어색한 분위기를 깨고자 먼저 입을 열었다.

"에든버러에는 무슨 일로 왔소?"

"교수님을 만나러 왔습니다. 교수님의 사상을 연구하는 데 많은 시간을 보내고 있죠."

그와의 첫 만남, 가슴이 벅차오르는 순간이다.

21세기의 경제학자가 아직도 자기에게 관심이 많다는 사실에 그는 놀라워할까? 잘은 모르겠지만 아마도 매우 기분이 좋지 않을까? 갑자기 이렇게 남에게 인정을 받아 기분 좋아지는 현상과 인간의 행복을 스미스가 어떻게 연결 지어 설명해줄지 너무 궁금해진다. 『도덕감정론』에서 그는 이렇게 말했다.

건강하고, 빚이 없으며 양심에 거리낌이 없는 사람의
행복에 무엇을 더하겠는가?

스미스가 한숨을 내쉬고 머리를 내저으며 나직하게 말하는
모습을 상상해본다. 『도덕감정론』의 처음부터 끝까지, 스미스
는 돈과 명성만으로는 행복과 이어지지 않는다고 분명하게 밝
혔다. 행복은 사랑받고 사랑받는 존재가 되어야 누릴 수 있는
것이다. 돈과 명예는 그의 행복 방정식에 들어맞지 않는다.

스미스는 생전에 건강했고, 빚도 없었다. 그리고 내가 아는
한 가장 깨끗한 양심의 소유자였다. 그런데 실제 그는 이보다
훨씬 더 많은 것을 갖고 있었다. 『국부론』과 『도덕감정론』으
로 크나큰 부와 명성을 얻었던 것이다. 혹시 이것이 그를 더
행복하게 만들지는 않았을까?

사람들이 부와 명예를 추구하는 진짜 이유

사람들은 세계적으로 유명해지거나 부유해지면 더 행복해
질 거라 생각한다. 애덤 스미스는 이에 대해 어떻게 생각할
까? 자신이 단순히 대단한 정도가 아니라 경제학과 공공정책

분야에서 엄청나게 유명한 사람이 됐다는 사실을 알면 스미스는 기뻐하지 않을까? 위대한 철학자인 그의 친구 데이비드 흄, 인류를 이성의 시대로 안내한 철학자 볼테르보다 더 유명해지고, 그 두 사람보다 더 영향력이 있는 인물이 된다는 사실을 알면 매우 기뻐하지 않을까?

『국부론』을 쓴 지 200년도 더 지난 21세기에 영국의 총리가 자신의 책을 들고 다닌다는 사실을 알면 맥박이 빨라지면서 흥분되지 않을까? 자신이 사랑스러운 존재이기 때문에 사랑받는다는 사실을 알게 된다면, 그는 더 행복할까?

당신은 어떤지 묻고 싶다. 지금보다 더 행복해진다면 무엇 때문일까? 돈이 많아져서? 아니면 유명해져서? 월급이 더 많은 일자리를 얻기 위해서라면 남에게 지나치도록 굽실거리는 것도 괜찮은가? 돈을 더 받는 대신 영혼을 저당 잡혀야 한다면 그 일을 하겠는가? 성공하기 위해 속임수나 사기도 마다하지 않을 수 있는가? 월급이 오른다면, 그래도 그 일을 하면서 여전히 가족과의 시간을 갖지 않을 것인가? 하지만 가족과 시간을 충분히 못 가져서 결혼생활이나 자녀교육에 악영향을 끼친다면 어떻겠는가? 반면 그것이 임금 인상, 승진, 명예와 영광, 권력을 가져다준다면 어떻겠는가? 일을 최우선으로 챙기느라 가족에 소홀해도 문제가 되지 않는가?

인간의 행복에 돈이나 일에서의 성공은 얼마나 중요한 부분을 차지하고 있는가?

한 미식축구팀 코치가 가족과 더 많은 시간을 보낸다는 이유로 일을 그만두고도 얼마 못 가 새로운 팀의 스카우트 제안을 덥석 받아들이는 경우를 보면, 그가 실제로 중요하게 생각하는 게 무엇인지 알 수 있다. 미국 프로 미식축구 리그에서는 단 32명만이 코치가 될 수 있다. 단 한두 게임이라도 이기기 위해, 코치로서 자신만의 강점을 찾기 위해, 그들은 엄청나게 노력한다. 실제 그들은 일주일에 100시간 넘게 일한다. 주말까지 일한다고 쳐도 하루에 14시간 넘게 일하는 것이다. 곧 시합에서 만날 상대팀의 경기 영상을 보다가 사무실에서 잠이 든 그들은, 나머지 영상을 마저 보기 위해 이른 새벽에 눈을 뜬다.

일주일에 100시간이나 일하는 사람은 아이들과 소중한 시간을 가지기 힘들다. 그런 인생은 과연 가치가 있을까? 적어도 32명의 코치들은 가치가 있다고 생각하는 듯하다. 수많은 사람들이 탐내는 자리를 차지한 그들이다. 그들은 프로 미식축구팀 코치가 되면 따라오는 돈과 명예를 위해 가족과 보내는 시간은 기꺼이 포기한다. 과연 그들은 올바른 선택을 내리고 있는 걸까? 아니면 코치로서 대단한 성공과 만족을 위해 스스로를 속이고 있는 걸까?

미국 대통령이 되고 싶어 하는 사람들을 생각해보자. 후보자들은 항상 사랑하는 가족과 찍은 사진을 대중에게 보여주는데, 이는 보통 사람들처럼 자신도 가족을 많이 생각한다는 걸 암시한다. 그러나 그들은 분명 가족과 많은 시간을 보내지 못할 것이다. 대통령이 되기 위한 선거 운동으로 하루 24시간을 보내도 모자랄 텐데, 어떻게 그게 가능하겠는가?

스미스의 결론은 부나 명예는 결코 인간의 행복을 완성하지 못한다는 데 있었다. 그럼에도 불구하고 우리는 부와 명예에 대한 야망을 버리지 못한다. 그리고 그 두 가지 조건이 우리를 행복하게 만드는 핵심적인 역할을 한다고 생각한다. 왜 우리 인간은 이렇게 생각하는 걸까?

내가 열네 살 때, 재클린 케네디Jacqueline Kennedy(존 F. 케네디 대통령의 영부인 – 편집자 주)가 재혼을 했다. 나는 그녀의 결혼에 크게 당황했다. 젊고 잘생긴 케네디와 결혼했던 그녀가 대체 왜 스물세 살이나 많고 잘생기지도 않은 아리스토텔레스 오나시스Aristotle Onassis(그리스의 억만장자 선박왕 – 편집자 주)와 결혼을 하는지 아버지에게 물었다. 아버지의 답은 간단했다. 오나시스가 돈이 아주 많아서라는 것이다. 나는 아버지에게 항의하듯 말했다.

"재키 케네디도 잘 사는 집 출신이잖아요."

게다가 갑부인 케네디 가문으로 시집 간 그녀는 오나시스가 아니어도 이미 부자였다. 그러자 아버지는 말씀하셨다.

"돈이 많은 건 좋은 거야. 그런데 돈이 훨씬 더 많은 건 더 좋은 일이지. 생각해봐라. 열대 지방의 아름다운 섬에 가면 즐겁지 않겠니? 그런데 그 섬이 내 것이면 더 즐거울 거야. 1등석을 타면 좋지만 내 비행기가 있으면 더 좋지. 큰 다이아몬드 반지도 좋지만 더 큰 다이아몬드 반지는 더 좋은 법이다."

아리스토텔레스 오나시스가 세상을 떠날 때 당시 그의 재산은 5억 달러였다. 그는 많은 섬과 전용기, 엄청나게 큰 다이아몬드를 갖고 있었다.

재클린 케네디가 왜 오나시스와 결혼하기로 마음먹었는지, 아버지의 생각이 옳았는지는 솔직히 잘 모르겠다. 하지만 아버지는 중요한 무언가를 알고 계셨다. 사람들은 이미 가진 것보다 더 많은 재산과 더 높은 수입을 원한다는 사실 말이다. 사람들은 더 많은 돈이 더 큰 행복을 가져다줄 것처럼 생각하고 행동한다.

마음속 무언가로 인해 우리는 더 많은 것을 원하게 된다. 그런데 마음속 또 다른 무언가는 많이 가지는 것이 결코 더 좋은 것은 아니라고 말해준다. 이 두 가지 마음의 대립 때문에 우리는 '힘겨운 대가를 치르고 부를 얻는 것이 과연 가치 있는 일일까?'라는 의문에 시달리는 것이다.

특별히 그 일을 좋아하지 않으면서도 힘든 일을 하는 친구가 있다. 그 친구는 돈을 많이 벌기 때문에 참는 거라고 말한다. 실제로 그 친구는 다른 사람보다 훨씬 많은 돈을 번다. 친구는 고혈압을 얻었고, 그의 아이들은 아빠와 시간을 보내지 못한 채 자라고 있다. 친구는 강도 높은 스트레스에 대해 불평을 늘어놓으면서 내게 조언을 구했다. 내 대답은 명료했다.

"당장 그 일을 그만두고, 아내와 아이들하고 더 많은 시간을 보내."

한마디로 행복하게 살라고 말한 것이다. 친구는 그럴 수 없다고 했다. 큰 거래를 맡았으니 기어코 그 계약을 따내서 보너스를 챙길 거라고, 그래서 내년에 일을 그만두고 느긋하게 살겠단다.

하지만 해가 바뀌고 나면, 친구는 새로운 거래와 새로운 보너스에 대해 다시 말한다. 느긋하게 사는 것은 항상 1년 뒤의 일이다. 그 친구를 보면 1년 내내 '내일은 맥주 공짜'라는 표지를 내걸고 있는 술집이 생각난다. 해마다 친구의 연봉은 높아진다. 그는 더 큰 집으로 이사하고 더 좋은 차를 산다. 과연 그는 매년 더 행복해지고 있을까? 분명 그렇지 않다. 연봉이 더 높고 집이 더 크고 자동차가 더 좋은데도 불구하고, 친구는 여전히 만족하지 못하고 있다.

"딱 1년만 더. 그럼 충분할 거야."

항상 이렇게 말할 뿐이다.

모든 사람에게서 내 친구 같은 모습을 조금씩 본다. 많은 사람이 마음속 깊은 곳에서는 진심으로 원하는 일이 아니라고 해도, 돈 때문에 참고 일한다. 이와 관련하여 언젠가 읽었던 글이 생각난다. 각자 마음속에 사는 비열한 생쥐가 출세를 위한 극심한 경쟁을 부추긴다는 내용이었다. 만약 그 생쥐가 우리 마음의 주도권을 잡기라도 하면, 우리는 더 큰 치즈 조각을 찾기 위해 끝도 없는 미로를 내달려야 한다.

자본주의 사회에서 세속적인 부와 명예는 피하기 힘든 매력을 발산한다. 이 두 가지가 결핍됐을 때 과연 진정 행복할 수 있을지 의문도 든다. '자본주의의 아버지' 애덤 스미스는 이에 대해 어떻게 생각할까? 사람들에게 사랑받는 것과 세속적인 부와 명예, 이 둘을 스미스는 어떻게 조화시킬까? 이 두 가지야말로 인간을 이끄는 기본 욕구 아니던가?

『도덕감정론』에서 스미스는 이에 대한 해답을 제시했다. 그의 해답을 듣기 전에 먼저, 그가 부와 명예를 갈구하는 욕구와 야망에 대해 얼마나 부정적으로 생각하는지 알아야 한다. 우선 돈 얘기부터 시작해보자.

돈에 대한 애덤 스미스의 생각

스미스는 『도덕감정론』에서 『플루타르크 영웅전』에 실린 얘기를 다시 소개했다. 원저를 토대로 이해하기 쉽게 다시 풀어쓴 이 얘기는 언제 읽어도 뒤통수를 세게 한 대 맞는 느낌이다.

> 그리스의 일부였던 에피로스의 왕, 피로스는 로마를 공격할 계획을 세우고 있었다. 하지만 왕의 두터운 신임을 받던 키네아스는 왕의 계획이 옳지 않다고 생각했다. 키네아스는 피로스 왕이 종종 자신의 대리인으로 내세웠을 만큼 훌륭한 문장가이자 협상가였다. 그러나 왕에게 그 계획은 옳지 않다고 직접적으로 말하는 건 훌륭한 생각은 아닐 것이다. 현명한 키네아스는 우회적인 방법을 택했다.
>
> "폐하, 로마인들은 훌륭한 전사임은 물론, 수많은 전쟁

강국을 정복한 민족으로 알려져 있습니다. 만약 신께서 우리가 그들을 이기도록 허락하신다면, 우리는 무엇을 할 수 있겠나이까?"

이렇게 묻는 키네아스의 물음에 왕은 대답했다.

"일단 로마를 정복하고 나면, 이탈리아 반도를 통째로 정복할 수 있을 것이다."

키네아스는 그럼 그다음은 어떻게 하시겠냐고 물었고, 왕은 다시 대답했다.

"그다음엔 시실리를 정복할 것이다."

키네아스는 다시 그다음은 어떻게 하시겠냐고 물었고, 왕 또한 다시 대답했다.

"리비아와 카르타고가 우리에게 무너질 것이다."

키네아스는 포기하지 않고 "그럼 그다음은 어떻게 하시겠나이까?"라고 묻고 왕 역시 포기하지 않고 "그리스 전역을 정복할 것이다"라고 대답했다. 마지막으로, 키네아스가 그다음에는 어떻게 되겠느냐고 묻자, 왕은 미소를 지으며 대답했다.

"내 소중한 친구여, 우리는 편안하게 살 것이다. 그리고 하루 종일 술을 마시고 즐거운 대화를 나눌 것이다."

그러자 키네아스가 왕에게 일격을 가했다.

"그럼, 지금 폐하는 무엇 때문에 그렇게 하지 못하시나이까?"

우리는 우리 삶을 만족시킬 도구들을 이미 모두 갖고 있다. 삶의 기본적인 즐거움을 누리기 위해 이탈리아반도를 정복할 필요는 없다. 그러므로 우리 내면의 인간다움을 유지하고 마음속 비열한 생쥐를 짓눌러야 한다. 인생은 경주가 아니라 음미하고 즐기는 기나긴 여정이다. 더 많은 것을 가지려는 끈질긴 욕구, 즉 야심이 우리를 삼켜버릴 수 있다.

『플루타르크 영웅전』은 지금으로부터 약 2000년 전에 집필되었다. 플루타르크는 자신이 살던 시대보다도 300년 전 얘기를 책에 녹여냈다. 이처럼 돈과 권력이 인간을 행복하게 만들지 못한다는 사실은 실로 오래된 진리다.

너무 오래된 얘기를 꺼낸 것 같으니, 이번에는 최근의 스토리를 소개하겠다. 인터넷을 검색하면 여러 버전이 떠돌아다니는 얘기다. 스미스와 플루타르크 역시 이것을 좋아했을 게 틀림없다.

미국의 어떤 사업가가 멕시코 해안가 작은 마을의 부두를 찾아갔다. 거기서 그는 혼자서 부두에 배를 댄 어부를 만났다. 작은 배 안에는 커다란 황다랑어 몇 마리가 있었다. 미국인은 어부에게 좋은 물고기를 잡았다고 칭찬하면서 물고기를 잡는 데 시간이 얼마나 걸렸냐고 물었다. 어부는 별로 오래 걸리지 않았다고 대답했다. 그러자 미국인은 멕시코 어부에게 그럼 나머지 시간을 어떻게 보내느냐고 물었다.

"늦게까지 자다가 물고기 좀 잡고 아이들이랑 놀기도 하고 아내와 이런저런 얘기도 합니다. 저녁마다 동네에 산책을 나갔다가 친구들과 와인을 마시고 기타도 치고요. 하루 종일 바쁘게 살죠."

어부의 말을 들은 미국인이 이렇게 말했다.

"전 MBA를 나왔습니다. 제가 당신을 도와줄 수 있습니다. 지금보다 더 시간을 들여 물고기를 잡아야 합니다. 그리고 물고기를 판 돈으로 큰 배를 사세요. 더 많은 물고기를 잡아, 그렇게 번 돈으로 배를 몇 척 더 살 수 있습니다. 결국 선단을 갖게 되겠지요. 또한 잡은 물고기를 중간 상인에게 팔지 말고 가공업자에게 직접 팔면 통조림 공장까지 열 수 있습니다. 당신은 생산, 가공, 판매를 모두 감독하게 되는 셈입니다!"

미국인은 쉬지 않고 말을 이어갔다.

"당신은 곧 이 작은 마을을 떠나야 할 겁니다. 멕시코시티로 이사를 가고, 어쩌면 로스앤젤레스로 가게 될지도 모릅니다. 대도시에서 번창하는 당신의 기업을 운영하는 거죠!"

그러자 멕시코 어부가 물었다.

"그 모든 일을 하는 데 얼마나 걸릴까요?"

"15년에서 20년쯤 걸리겠죠."

"그런데 그다음엔 뭐가 있죠?"

"그다음이 진짜입니다. 때가 되면 회사를 상장할 수 있습니다. 그럼 당신은 아주 부자가 될 겁니다. 수백만 달러는 족히 벌겠죠!"

"수백만 달러라고요? 그럼 그다음은요?"

멕시코 어부의 물음에 미국인은 흥분된 목소리로 이렇게 말했다.

"그땐 은퇴해야겠죠. 조그만 어촌마을로 옮겨가서 늦게까지 자다가 물고기도 좀 잡고 아이들과 놀기도 하고 아내와 시간을 보내는 겁니다. 밤에는 마을까지 산책을 나갈 수도 있습니다. 거기서 친구들과 와인을 마시며 기타도 칠 수 있습니다."

이 스토리는 2300년 전 얘기의 현대 버전인 셈이다. 나는 지금 새삼 두 가지 사실에 놀라고 있다. 왜 2300년 전의 메시지가 시대를 거듭하여 지금까지 계속 설파되고 있는 것일까. 그럼에도 불구하고 우리는 왜 그 교훈을 온전히 받아들이지 못하고 있는 것일까. 애덤 스미스는 몇 번이고 강조했다. 물질은 결코 인간을 행복하게 만들지 못한다고. 하지만 편리한 기기가 지닌 물질적 매력, 그 유혹이 얼마나 강력한지 그는 잘 알고 있었다. 스미스는 스티브 잡스Steve Jobs보다 200년 전 사람이지만, 최신 디스플레이나 비디오 카메라가 탑재된 신상품 아이패드를 놓쳤을 때 느끼는 인간의 기이한 기분을 제대로 파악하고 있었다.

매주 일요일 신문에는 우리 집 TV보다 더 큰 TV를 광고하는 전 단지가 딸려온다. 집 근처 마트에 가면, 그 거대한 TV가 매장 맨 앞에 떡하니 비치되어 있는데, 최상의 농산물과 특대형 올리브 오일, 머스터드, 케첩 코너에 가려면 반드시 거쳐야 하는 시련의 길이다. 광고지나 마트에서 본 TV와 자꾸 비교하다 보니, 산 지 5년밖에 안 된 우리 집 TV가 마치 20년 전 TV처럼 작고 답답해 보였다.

현대의 생활이란 이런 것이다. 가장 멋지고 훌륭한 최신식 기기도 구매한 지 몇 주 혹은 몇 달 만에 구닥다리가 돼버린다. 인간의 활동은 맹렬한 속도로 발전하여, 불과 몇 달 전에 심장을 고동치게 만들었던 새로운 것들이 이제는 골동품처럼 보인다.

나는 더 빠르고 더 얇은 최신형을 원한다. 그러나 그것을 갖고 나면 뭐가 달라지는가? 뭐, 가끔은 달라진다. 내 아이폰은 첫 번째 휴대폰보다 훨씬 더 큰 만족감과 무한한 기쁨을 안겨줬으니까. 이건 별로 놀랄 일이 아니다. 진짜 놀랄 만한 사실은, 최신식 휴대폰이 그 전 휴대폰보다 월등히 업그레이드된 게 아니라는 걸 알면서도 맹목적으로 최신형을 원한다는 점이다.

하지만 이렇게 말하면서도 나는 더 새로운 휴대폰을 원한다. 어쩔 수 없는 현상이다. 사람들은 어떤 기기를 일단 수중에 넣고 나면 곧 처음의 흥분이 사라지고 만다.

자동차나 기차로 이동 중에 통화를 하다가 중간에 끊기기라도 하면 사람들은 전화가 잘 안 된다며 마구 짜증을 낸다. 왜 그런 일로 그렇게 짜증을 낼까? 어찌 보면 휴대폰이 존재한다는 사실만으로도, 내 휴대폰이 작동을 한다는 사실만으로도 충분히 경이로울 수 있는 것 아닐까?

1759년의 사람들은 무엇으로부터 물질적 매력을 느꼈을까? 스미스는 『도덕감정론』에서 18세기 남자들이 휴대했던 트위저 케이스tweezer case(족집게나 가위 등을 담는 용기 – 옮긴이)에 담긴 소소한 물건들을 소개했다. 옛날식 표현으로 '멋있는 귀이개' '손톱 깎는 기계'라는 이름이 붙은 자질구레한 물건들이다. 그냥 귀이개도 아니고 '멋있는 귀이개'라니, 솔직히 조금 웃긴다. 게다가 손톱깎이가 아닌 '손톱 깎는 기계'는 대체 무엇인지……. 지금 우리가 쓰는 손톱깎이가 꽤 유용하게 개선된 물건인 건 맞나 보다.

스미스로선 당연히 로봇이나 전기면도기 같은 21세기의 기계를 상상하지 못한다. 그러나 그는 세상의 기술적 발전에 대하여 놀라울 정도의 선견지명을 갖고 있었다. 그는 삶을 더 편리하고, 더 훌륭하고, 더 빠르게 만들고 싶어 하는 인간의 욕구와 함께 기계가 주는 유혹적인 매력까지 알고 있었다. 귀이개와 손톱깎이 정도로는 새로운 기계가 주는 흥분과 신기함을 전하지 못하리라는 사실까지도.

주머니 속에 쏙 들어가는 아이폰이나 디지털 카메라에 비하면 18세기의 손톱 깎는 기계는 장난 수준이겠지만, 어떤 시대든 기기가 주는 심리적인 매력은 다 비슷한 법이다. 마찬가지로 현 시대를 첨단 과학 기술 시대라고 얘기하지만, 어쩌면 첨단 과학 기술 시대란 훨씬 오래전부터 있어왔는지 모른다.

스미스는 사람들이 기기의 편리함보다는 기기 자체가 갖는 우아함에 더 신경을 쓴다고 했다. 그러면서 하루에 2분씩 느리게 가는 시계를 예로 들었다. 18세기에는 시계가 몇 분씩 느리게 가는 일이 흔했다. 사실 누구나 돈을 더 주면 시간이 정확한 시계를 살 수 있다. 그러나 그것을 가졌다고 해서 시간 약속을 더 잘 지키는 건 아니다. 스미스는 이러한 모순을

꼬집으면서, 그 시계가 더 정확해서 산 것이 아니라 단지 고급스러워서 샀을 가능성이 크다고 얘기했다.

그런데 시계 고를 때는 그토록 까다로운 사람이, 약속 시간은 왜 정확하게 지키지 못할까? 또 지금이 정확히 몇 시인지 확인하지도 않는 걸까? 그는 시간이라는 정보를 얻기 위해 새 시계를 산 게 아니다. 그저 시계의 그럴듯한 겉모습에 끌려 구입한 것뿐이다.

그런 다음, 스미스는 최신 기계에 집착하는 사람들을 향해 제대로 포화를 겨눈다.

얼마나 많은 사람들이 별로 유용하지도 않은 하찮은 것들에 돈을 써버리고 스스로를 파산시키고 있는가? 장난감 애호가들은 장난감의 효용이 아니라 장난감의 효용을 높이는 기계의 성능을 좋아할 뿐이다. 그들의 주머니는 작고 편리한 물건들로 가득 차 있다. 그들은 이런 물건들을 더 많이 가지고 다니기 위해 다른 사람들의 옷에서는 찾기 힘든 새로운 주머니들까지 고안해낸다.

'그들의 주머니는 작고 편리한 물건들로 가득 차 있다'라는 말은 비즈니스 전쟁터에 나선 현대인을 완벽하게 설명하기도 한다. 현대인들은 아이폰, 블랙베리, 지갑, 이어버드나 블루투스 헤드셋, 경우에 따라 펜이나 열쇠, USB에다 소형 카메라까지 주머니에 넣어 다닌다. 그런가 하면 전자책 기기인 킨들이나 아이패드를 넣어 다닐 수 있을 정도로 넉넉하게 큰 주머니도 원한다. 이런 수요에 맞춰 아이패드, 휴대폰 등 각종 기기를 모두 넣을 수 있는 조끼까지 나왔을 정도다.

스미스는 이 기기들이 가진 심미적인 매력에 대해 아주 잘 알고 있었다. 내 아이폰에는 휴대폰을 하늘 높이 들고 있으면 별을 찾아내는 애플리케이션이 세 개나 깔려 있다. 그 애플리케이션을 사용하는 건 1년에 고작 몇 번뿐이라 세 개나 깔 필요는 없었지만, 그 애플리케이션이 가진 매력 자체로 나는 충분히 감동받는다.

밤하늘에 무언가 행성 같은 것이 눈에 띄면, 즉시 그게 어떤 행성인지 궁금해진다. 곧장 애플리케이션을 열어 하늘을 향해 휴대폰을 올린다. 그리고 그 행성이 목성이라는 걸 알게 된다. 그게 그렇게 궁금했을까? 사실 잘 모르겠다. 그 별이 목성이라는 걸 안다고 해서 딱히 도움 되는 건 없으니까. 물론 지식이란 건 그 자체만으로도 고상하다. 그리고 그 별이 금성이 아니라 목성이라는 사실을 알았다는 즐거움이 있긴 하다. 그럼에도 불구하고 가뭄에 콩 나듯 어쩌다 한 번 그 애플리케이션을 사용할 뿐이다.

심지어 나는 실제 DNA 염기서열을 조사하는 애플리케이션도 갖고 있다. 그런데 이건 정말 아무런 쓰임새가 없다. 그저 염기서열을 바로 내 손 안에서 확인할 수 있다는 사실에 경탄할 뿐이다. 이런 식으로 거의 보지 않은 애플리케이션이 내 아이폰에 정말 수두룩하다.

아무리 생각해도 스미스는 시대를 한참 앞서간 현인이다. 그의 말처럼 멋있는 최신 기기에 대한 욕구는 유혹적이고 파괴적이다. 다행히 내가 가진 기기들 중의 몇 가지는 훌륭하게 제 몫을 하고 있다. 8년 동안 바꾼 카메라가 네 대인데, 단순히 더 작고 디자인이 멋있다는 이유로 산 것은 아니다. 작기 때문에 휴대하기 편해서 다양한 장소에서 수천 장의 사진을 맘껏 찍고 또 공유할 수 있었다. 물론 고성능 덕에 사진의 품질이 좋아졌음은 말할 필요도 없다.

대부분 우리의 기분을 좋게 만들어주는 최신 기기들로 인한 문제는, 그것들이 내 인생을 빼앗았을 때 벌어진다. 계속해서 배터리를 충전하고 충전기와 줄, 케이스까지 챙기다 보면 시간이 꽤 걸린다. 이보다 더 큰 문제가 있다. 현실 세계보다 가상 세계에서 지나치게 많은 시간을 보내고자 하는 사람들의 마음이다. 옆에 있는 사람과 마주 보며 생생한 느낌을 주고받는 것이 아니라, 새로 온 이메일을 보면서 기계에 의한 도파민을 분비시키고 있으니 말이다.

파티에 가보면 이런 현상은 더 여실히 드러난다. 모든 손님이 각자의 스마트폰만 들여다보고 있다. 그런가 하면 일요일에 아침 겸 점심을 먹으면서 좋아하는 축구팀의 성적을 30초마다 확인하는 스포츠팬도 있고, 독서용으로 아이패드를 사 놓고 결국엔 몇 시간씩 게임만 하는 사람들도 있다. 귀이개나 트위저 케이스를 들고 다닌 18세기에는 상상할 수 없었던 현대 기기들에는 분명 멋진 장점도 많지만, 그로 인한 손실도 이처럼 크다.

스미스는 기기와 장비들이 인간의 지위와 부를 드러내는 바로미터가 될 거란 예견도 했다. 효용성을 차치하고, 가장 유행하는 최신 휴대폰, 자동차, 장난감을 원하는 또 다른 이유가 바로 이 때문이다. 세상을 향해 그리고 나 자신을 향해 내가 누구인지 일깨우는 한 가지 방법, 그것은 바로 내가 어떤 물건을 소유했느냐이다. 최신 장비에 대한 갈망, 신상품일수록 더 큰 행복을 준다는 착각은 인간의 야심에서 비롯되었다고 스미스는 지적했다.

인간의 삶이 비참하고 혼란스러운 가장 큰 이유는 소유물이 곧 나 자신이라 착각하기 때문이다.

담장 저편의 풀이 종종 더 파랗게 보일 때가 있다. 사람들은 더 부자가 되거나 더 유명해지거나 더 나은 일자리를 얻을 때만 더 행복해질 거라고 상상한다. 우리가 갖고 있는 것에 대해 불만을 품게하는 악덕을 스미스는 탐욕, 허영이라고 표현했다.

'딱 한 건만 더 거래를 성사시키면.'

'이 시궁창에서 딱 1년만 더 일하면.'

'승진하기 위해 비열한 행동을 한 번만 더 한다면.'

스미스는 이러한 악덕을 '지나친 격정'이라 부르며 강하게 경고한다.

무언가를 격렬하게 바라는 상황들 중 비교적 바람직한 상황도 분명 존재한다. 그러나 신중의 원칙, 정의의 원칙을 위반하면서까지 격정적인 욕망을 가질 만한 상황은 없다.

돈과 금전적인 성공, 야심과 자아의 상관관계에 대해 스미스가 어떻게 생각하고 있는지를 보여주는 문장이다.

스미스는 돈과 명예를 올바른 관점에서 봐야 한다고 생각했다. 그는 사람들이 돈이 적은 것보다는 많은 것을 선호한다는 사실을 인정했다. 나의 부와 명예를 사람들이 인정해줄 때는 물론 즐겁다. 그러나 소비 욕구나 대중의 찬사가 주는 쾌감에 사로잡혀서는 안 된다.

그러다가는 결국 신중과 정의의 원칙을 어기게 되기 때문이다.

왜 우리는 유명인에게 열광하는가

스미스가 말하는 정의란 타인에게 상처나 피해를 주지 않는 미덕이다. 그가 말하는 신중이란 행동의 결과를 가늠케 하는 선견지명을 의미한다. 그리고 미래를 위해 오늘의 무언가를 포기할 수 있는 자제심, 이를 바탕으로 자신을 돌보는 미덕을 의미한다.

우선, 우리에게 가장 유용한 자질은 뛰어난 '이성'과 '지적 사고력'이다. 이를 통해 우리의 모든 행동이 어떤 결과를 가져올지, 그로 인한 이익과 손해가 무엇인지 예측할 수 있다. 두 번째는 '자제력'이다. 자제력을 통해 우리는 더 나은 미래의 즐거움을 위해 현재의 즐거움을 참을 수 있으며, 미래의 더 큰 고통을 피하기 위해 오늘의 고통을 견딜 수 있다. 그리고 이성과 지적 사고력, 자제력이 결합되어 이루어진 미덕이 바로 '신중'이다. 신중이야말로 우리에게 필요한 가장 유용한 자질이다.

스미스는 현대인들이 성공의 요소라 부르는 것들에는 전혀 잘못된 게 없다고 생각한다. 다만 이를 너무 격정적으로 따른다면 영혼이 좀먹을 것이라고 우려했다. 돈과 명예를 맹목적으로 따라가면 인생은 엉망이 된다. 그런데도 사람들은 대체 왜 그렇게 열심히 물질적인 성공을 추구할까? 물질적인 성공이 결코 절대적 행복의 조건이 아닌데도, 사람들은 왜 그것들에 그렇게 목을 맬까? 나는 사람들의 이런 모순된 심리에 대한 스미스의 생각이 궁금했다.

스미스의 답은 의외로 간단했다. 사람들이 잘못 알고 있거나 몰라서 그렇다는 것이다. 부자가 되고 유명해지면 정말로 행복해질 거라고 착각하고 있다는 뜻이다. 그러나 스미스는 그보다 더 치명적인 다른 이유가 있다고 했다. 사랑받고 사랑스러운 존재가 되려는 인간의 욕구 때문이라는 것이다.

세상은 현명하고 도덕적인 사람에게만 관심을 갖는 것이 아니라고 스미스는 말한다. 세상은 돈 많고 유명하고 유력한 사람들에게도 관심을 갖는다.

> 우리는 이 세상에서 지혜와 미덕이 존경의 유일한 대상은 아니라는 사실을 알게 된다. 그리고 부도덕하고 어리석은 행위가 경멸의 유일한 대상도 아니라는 사실 역시 깨닫는다. 실제로 우리는 세상 사람들이 지혜로운 사람, 도덕적인 사람보다는 부자와 권세가들에게 존경심 가득한 눈길을 던지는 모습을 자주 목격하지 않는가.

현대 사회에서 유명인이란, 『피플』지가 연대순으로 기록하고 케이블TV나 유튜브를 통해 광고되는 하나의 발명품 아닐까. 어쨌거나 현대인들이 유명인에 관한 한 특별한 안목을 지닌 것은 분명하다. 반짝 유명세를 얻는 사람들이 예전에 비해 엄청나게 많고, 세계적인 영화배우나 가수, 운동선수의 유명세는 가히 폭발적이니 말이다. 그러나 구약성서의 전도서를 쓴 저자가 아주 오래전에 깨달았듯이, 세상에 새로운 것은 하나도 없다. 부자와 유명인에 대한 대중의 집착은 아주 오래전부터 존재한 현상이다.

유명한 스포츠 전문 기자인 리 몬트빌Leigh Montville이 쓴 테드 윌리엄스Ted Williams(타격의 신이라 불린 미국 야구선수 - 옮긴이) 전기를 보면, 1940년대와 1950년대의 유명인이 어떤 모습이었는지 잘 알 수 있다. 그 당시 유명인의 모습은 지금과 크게 다르지 않다. 케이블TV에 스포츠 전문 채널도 없었고 라디오 토크 프로그램도 없었음에도, 유명 운동선수들의 삶은 일반 사람들과 아주 많이 달랐다.

책에는 윌리엄스의 친구인 지미 캐롤Jimmy Carroll이 데이트를 하려고 윌리엄스의 애마였던 캐딜락을 빌린 얘기가 나오는데, 대강의 줄거리는 이렇다.

식당 주차장에 주차를 하던 캐롤과 여자 친구가 경찰 한 명과 맞닥뜨렸다. 보스턴의 모든 경찰들이 테드 윌리엄스의 차를 알고 있었으므로 당연히 그들을 도둑이라고 의심했던 것이다. 캐롤이 차를 훔친 게 아니라는 사실을 확인하자, 경찰은 그들이 식당에서 저녁을 먹을 동안 차 안에 앉아 있어도 되는지 물었다. 흔쾌히 승낙한 캐롤이 식사를 마친 뒤 주차장으로 나왔을 때, 황당하고 웃긴 광경이 펼쳐졌다. 차 안에는 무려 여섯 명의 건장한 경찰관들이 비좁은 좌석에 몸을 구겨 넣고선 흥분에 휩싸여 있었다. 테드 윌리엄스의 차에 앉아보겠다고 친구 다섯 명이 몰려든 것이었다.

도대체 그 흥분의 정체는 정확히 무엇일까? 유명인이 무엇이길래, 한낱 고철 덩어리에 불과한 자동차를 매력적인 욕망의 대상으로 바꾸어놓았을까? 단지 유명한 사람의 차라고 해서 그 자동차에 앉고 싶어 하는 욕망을 어떻게 이해해야 할까? 테드 윌리엄스의 차에 아무나 앉을 수 없기 때문에 흥분이 되는 걸까? 혹은 그렇게 라도 전설의 타자인 테드 윌리엄스와 연결되는 것이 좋아서일까?

어쨌든 '나 테드 윌리엄스의 차에 앉아봤어!'라고 누군가에게 얘기할 수 있다는 사실이 그들을 흥분시키는 건 분명하다. 왜 사람들은 이런 것에 관심을 가질까?

인간은 존경받는 사람들을 존경한다. 또한 숭배되는 사람들을 숭배하며 사랑받는 사람들을 사랑한다. 어찌 보면 그것은 나보다 뛰어난 자에 대한 경외심이다. 아무 이유 없이 단지 신기하고 놀랍다는 이유로 인터넷에 올라온 기상천외한 묘기를 우리는 자주 보지 않는가. 유용한 목적이 전혀 없는 기술을 볼 때도 우리는 감탄과 존경을 마구 내뿜는다.

날아드는 야구공을 나무 막대기로 시속 145킬로미터가 넘는 속도로 쳐내는 능력은 사실 전혀 유용하지 않다. 유용성으로 따지자면 훌륭한 심장 전문의가 그보다 더 존경받을 만하다. 하지만 그가 세계적으로 유명하다면 모를까, 단지 훌륭하다고 해서 그 의사의 자동차에 앉아보겠다고 나서는 사람은 아무도 없다. 설사 그 의사가 세계적으로 유명하다고 해도 그럴 일은 거의 없다. 어떠한 심장 전문의도 프로 농구 인기 스타인 르브론 제임스LeBron James의 인기보다 못하다.

명성이라는 것에는 우리를 끌어 잡아당기는, 무언가 말로 표현할 수 없는 힘이 있다. 아마도 사랑받고 싶어 하는 욕구에 대한 스미스의 통찰력이 그 답의 일부가 될 듯싶다. 어쨌든 사랑받는 사람 옆에 가까이 있으면 기분이 붕 뜨니까.

유명인은 1940년에도, TV와 라디오와 유튜브가 없던 1759년에도 사람들을 사로잡았다. 유명인들에 대한 스미스의 식견은 이처럼 시대를 초월한다. 그럼 스미스의 시대에는 누가 유명했을까? 대부분 귀족이나 궁중의 식객, 즉 돈과 명성을 물려받은 사람들, 혹은 귀족의 비위를 맞추는 사람들이었다. 그러나 스미스는 권세가에게 비위를 맞춰 명성을 얻은 사람들을 존경하지 않았다. 스미스가 생각하기에 그런 사람들에겐 진정한 사랑스러움이 없었다.

권세가들의 거실과 궁전에서는, 총명하고 박식한 동료들의 존경으로 성공과 승진이 결정되지 않는다. 무지하

고 주제넘고 오만한 윗사람들의 별나고 어리석은 편애
로 결정된다. 이처럼 권세가들의 거실과 궁전은 공적과
능력보다 아첨과 거짓말이 난무하는 곳이다.

스미스는 돈이나 명예, 권력을 따르는 행위 모두 동일한 유
혹에서 비롯된다고 생각했다. 그 행위들이 모두 다른 사람들
에게 사랑과 주목을 받기 위함이라는 것이다.

부유한 사람들은 자신의 부가 자연스럽게 세상 사람들
의 이목을 끈다는 사실을 알고 있다. 그리고 부로 누릴
수 있는 유쾌한 것들에 사람들이 쉽게 공감하는 것도
알고 있다. 그래서 그들은 자신의 두둑한 주머니를 자
랑스럽게 여긴다.

스미스가 얘기하고자 하는 것은 우리의 자아다. 돈이나 명
예, 권력이 실제로 우리에게 안겨주는 것에 대한 얘기가 아
니다.

세상의 주목을 받는다는 생각에 그는 가슴이 벅차오르
는 듯하다. 부유함으로 얻을 수 있는 다른 어떤 이익보

다, 바로 그런 기분을 느끼고 싶어 그는 부자가 되려고 한다.

스미스는 자신이 '지위와 명성'을 가진 사람이라고 부르는 사람들에 대해서 글을 쓰면서, 사람들이 왜 유명해지기를 원하고 또 그렇지 않은 사람들은 왜 유명한 사람들에게 관심을 갖는지 설명한다.

지위와 명성이 높은 사람들은 세상 사람들의 주목을 받는다. 모든 사람들이 그를 보고 싶어 한다. 그리고 그의 처지에서 누릴 수 있는 기쁨과 환희를 대리만족하고 싶어 한다. 결국 그의 행동 하나하나가 대중의 관심사가 된다.

'그의 처지에서 누릴 수 있는 기쁨과 환희를 조금이라도 대리만족하고 싶어 한다'라는 스미스의 말을 생각해보라. 우리가 유명인들의 부유한 삶을 간접 경험하고 싶어 하는 것과 일맥상통한다. 부유한 유명인이라고 상상하면서 완벽에 가까운 그들의 삶에 수반되는 감정, 즉 그들이 느낄 기쁨과 환희를 맛보는 것이다.

부자와 유명인이 딱히 달변가가 아닌데도 사람들이 그들에게 귀기울이는 것을 보면, 그들은 사람들에게 사랑받는 것이 맞다. 사람들은 그들에게서 시선을 떼지 못한다.

> 그의 말 한마디, 몸짓 하나까지 사람들이 주시한다. 수많은 사람이 모인 곳에서도 그는 사람들의 시선을 한몸에 받는다. 사람들은 그에게서 감동과 가르침을 받기 위해 격정과 기대감을 갖고 그를 바라보는 듯하다. 그의 행동이 아주 거슬리지만 않는다면, 그는 언제나 사람들의 관심을 끈다.

'그의 행동이 아주 거슬리지만 않는다면'이라는 말의 의미를 알겠는가? 유명 가수나 영화배우의 잘못된 행동, 터무니없는 실수를 눈감아주면서까지 우리가 그들에게 계속 매료될 것이라는 뜻이다.

부자와 유명인, 권세가들 입장에서는, 이 모든 관심이 그 자리에 오르기까지 겪었던 시련과 장애의 보상처럼 느껴질 것이다. 스미스는 유명인들에게 쏟아지는 끈질긴 관심을 다음과 같이 설명한다.

세인의 관심으로 행동에 제약을 받고 자유를 상실하는 일이 뒤따르더라도, 사람들은 관심을 받고 싶어 한다. 이를 통해 선망의 대상이 되는 과정에서 겪었던 고생과 근심, 굴욕을 충분히 보상받는다고 생각하기 때문이다. 그러나 아주 중요한 사실은, 이런 관심을 얻는 순간 모든 자유와 편안함, 근심 걱정 없는 안전함을 영원히 잃게 된다는 것이다.

이 구절을 통해 스미스는 부유하고 유명하고 성공한 사람이 되고 싶다면 자유와 편안함, 근심 걱정 없는 안전함은 영원히 포기해야 한다고 얘기한다. 성공을 원하는 사람은 고생, 걱정, 굴욕, 즉 고통과 치욕까지 견뎌내야 한다. 또한 성공하길 원한다면, 열심히 일해야 하고 편안함을 포기해야 한다. 대신, 이 모든 노력의 대가로 많은 주목을 받게 된다.

사람들은 성공한 사람이 무슨 생각을 하는지 알고 싶어 한다. 어떻게 옷을 입어야 하는지, 어떻게 말하고 행동해야 하는지를 알기 위해 성공한 사람들을 주시한다. 그 사람이 어떤 방에 들어가면 모든 눈이 그에게로 쏠린다. 이러한 선망과 존경의 시선이 그가 치른 유명세를 가치 있게 만든다.

스미스의 이 구절에 대해 학생들과 얘기를 나누면서, 만약 안젤리나 졸리Angelina Jolie와 브래드 피트Brad Pitt 같은 할리우드 톱스타가『도덕감정론』을 이해해보고자 우리 수업에 들어온다면 무슨 일이 일어날지 상상해보라고 했다. 수업이 시작할 즈음 그들이 조용히 강의실 가장자리에 앉아서 귀를 기울이고 필기 준비까지 한다고 상상해보자. 수업은 어떻게 될까? 강의를 하는 나에게 집중할 학생이 있기는 할까? 분명 모두가 그 둘만 쳐다볼 것이다. 솔직히 나조차도 그들을 뚫어져라 보고 있을 것이다. 정말로 유명한 사람 앞에서는 평소처럼 행동하기가 어렵다. 어쩌면 유명한 사람들도 그보다 더 유명인들 앞에서는 아이가 된 듯한 느낌이 들 수도 있다.

부유하고 유명한 사람들을 아주 높이 평가하기 때문에, 그들의 삶 또한 완벽에 가깝다고 여기는 사람들의 착각을 스미스는 지적했다. 그들이 죽기라도 하면 대단히 고통스러워할 정도로 사람들은 그들의 삶을 이상화한다. 대체 그 이유는 무엇일까?

우리는 '그것이 무엇이든 사람들을 유쾌하게 만드는 것이 파괴되고 더럽혀진다면, 이 얼마나 유감스러운 일인가!'라고 생각한다. 우리는 심지어 그들이 영원히 죽지 않기를 바란다. 이 완벽한 즐거움에 죽음으로 종지부를 찍는다는 것은 견디기 힘들다. 우리는 그들을 고귀한 지위로부터 내몬 조물주가 잔인하다고 생각한다. 비천하지만 따뜻한 인간의 집, 다시 말해 인간이라면 누구나 다다르는 죽음이라는 집에 이르게 한 것을 매우 잔인하다고 생각한다.

스미스는 우리가 단순히 돈 많고 유명한 사람들을 부러워하는 게 아니라고 말한다. 우리는 그들이 우리보다 더 나은 운명을 맞을 격이 있다고 생각한다. 때문에 어떤 면에서 죽음은 그들에게 걸맞지 않는 옷이다. 그들의 죽음은 우리가 갈망하던 완벽한 결론에서 벗어난 암울한 잔혹 동화이기 때문이다. 이렇듯 사람들은 유명인의 죽음에 평균 이상으로 과하게 슬퍼한다.

영국의 왕세자비였던 다이애나 스펜서Diana Spencer, 세기의 스타 엘비스 프레슬리Elvis Presley의 죽음에 사람들은 지나치게 슬퍼했다. 그리고 스미스가 지적했듯이, 폭발적인 슬픔의 분출은 평범한 사람들의 죽음과 비극에 슬퍼하는 사람들의 모습을 무색케 만든다.

그들에게 닥친 재난과 모든 상처는 우리의 가슴에 강한

동정과 분노를 일으킨다. 이런 감정은 평범한 사람들에게 그런 비극이 발생한 것에 비해 훨씬 강력하다.

스미스는 우리가 정치적으로 유력한 사람들을 특별히 좋아한다고 말한다. 그가 살던 시대에는 왕과 귀족이 정치적으로 유력한 사람들이었다.

사람들의 숭배를 받는 독재자, 권력을 거머쥔 지도자들도 과분한 칭찬을 받곤 한다. 물론 스미스와 내가 보기에는 그들이 받는 과분한 칭찬이 실제 업적과는 어울리지 않는 경우도 많지만. 어쨌든 왕이나 대통령 암살은 일반인을 살해한 경우보다 훨씬 극악한 범죄로 치부된다.

군주를 살해하려고 음모를 꾀하는 반역자는 살인자들 중에서도 가장 극악무도한 놈으로 인식된다. 때문에 찰스 1세의 죽음은 엄청난 공분을 불러일으켰다. 왕의 죽음은 내전 중에 무고한 사람들이 흘린 엄청난 양의 피보다 훨씬 강력한 분노를 야기한다.

위인, 유명인, 권력가의 죽음에 대한 사람들의 반응을 보면, 위인은 마치 다른 사람들과 다른 방식으로 고통과 죽음을 느끼는 것 같은 생각이 든다며 스미스는 말을 이어나간다.

인간의 이런 본성을 모르는 사람이 있다고 치자. 그리
고 그가 사람들이 소시민의 죽음에는 냉담하게 굴고 권
력자의 죽음에 대해서는 엄청나게 분개하는 모습을 보
았다고 상상하자. 아마도 그는 신분이 낮은 사람들보다
신분이 높은 사람들이 죽을 때 겪는 고통이 훨씬 크다
고 생각할 것이다.

정치적으로 유력한 사람들의 행복과 영향력에 대한 낭만적
시선 탓에 우리가 그들에게 기꺼이 굴복하고 학대마저도 견
뎌낸다고 스미스는 주장한다.

저명인에게 과하게 동조하는 인간의 성향 때문에 폭군마저
도 숭배의 대상이 될 수 있다는 소리다. 따라서 폭군의 위대
함과 행복을 이상화한 우리에게, 폭군에 대한 저항은 인간의
본성에 어긋나는 행동일 수밖에 없다.

그들에게 저항하는 사회 질서와 분위기 속에서도 우리
는 그를 외면할 수 없다.

일례로 현대의 많은 러시아인이 스탈린Stalin(30년 이상 집권하며 독재정치를 한 러시아의 혁명가 – 편집자 주)을 긍정적이고 낭만적으로 묘사하기도 한다. 머리로는 비합리적인 장기 집권에 저항해야 한다는 것을 알면서도 심정적으로는 그들을 따른다는 것이다.

차베스Chavez(14년간 집권한 베네수엘라의 전 대통령 – 편집자 주)나 카스트로Castro(49년간 쿠바를 통치한 정치가 – 편집자 주)를 생각해보라. 절대 권력을 가진 정치가가 그 많은 국민을 오랜 시간 동안 길들이는 일이 불가능한 것으로 보이지는 않는다.

> 국왕은 백성들이 요구하는 바에 복종해야 한다. 저항을 받고, 처벌될 수도 있어야 하며 심하면 지위에서 물러날 수도 있어야 한다. 이처럼 국왕은 백성들의 공복이라는 것이 이성과 철학의 원칙이지만, 이를 조물주의 원칙이라 할 수는 없다.

우리는 권력자들을 경외한다. 그들을 섬긴 대가가 눈길 한 번 받는 것에 그친다고 해도, 우리는 그들의 총애를 받고 싶어 한다.

조물주는 국왕에게 복종하라고 우리를 가르친다. 조물주의 가르침에 따라 우리는 그의 높은 지위 앞에서 머리를 조아린다. 아무리 불합리한 일을 겪어도, 그가 미소 한 번 지어주면, 그걸로 충분한 보상을 받았다고 생각한다. 그의 불행은 우리에게 가장 괴로운 일이다.

나아가 스미스는 오래전부터 아는 친근한 사람인 것처럼 왕을 대하기란 거의 불가능하다고 말한다.

국왕을 평범한 인간으로 대하거나, 국왕과 평범하게 논쟁을 벌이려면 엄청난 용기와 배짱이 필요하다. 때문에 국왕과 친하고 잘 아는 사이가 아닌 한, 그 앞에서 그렇게 행동할 수 있는 담대한 사람은 거의 없다.

나는 엄청난 부자, 혹은 상원의원 같은 유력한 정치가도 만났다. 록스타도 만났고, 세계적인 권투 선수인 무하마드 알리Muhammad Ali, 영국의 찰스 왕세자도 만났다. 솔직히 직접 만나보면 그런 사람들이 다른 종류의 인간처럼 느껴지기는 한다. 제임스 캐머런James Cameron이 영화 〈타이타닉〉으로 아카데미 감독상을 수상하면서 외친 유명한 말을 기억하는가? 그는

"내가 세상의 왕이다!"라고 환성을 내질렀다. 오글거리는 이 말은 영화 속 대사가 아니다. 가면을 벗고 자신의 진정한 모습을 보여준 제임스 캐머런의 솔직한 말이다. 자신이 지대한 관심을 받을 가치가 있다고 당당하게 말하고 있는 것이다. 그의 속마음은 아마 이렇지 않았을까?

"날 봐! 내게 머리를 숙이라고! 내가 최고니까!"

세인의 관심은 유명인에게 있어 끔찍한 마약인 게 분명하다. 유명한 정도가 아니라 대중에게 흠모의 대상이 된 경지에 올랐다면, 일상이 주는 즐거움에 만족할 수 없을 것이기 때문이다.

> 대중의 존경을 받는 데 익숙해졌거나, 그렇게 되기를 희망하는 사람들에게는 그 외의 즐거움이란 그저 시들할 뿐이다. 세력을 잃고 자리에서 물러난 정치인들을 보라. 그들은 스스로 편해지기 위해 마음을 다스린다. 야심을 가라앉히고 더 이상은 가질 수 없는 명예를 하찮게 여기려고 애써 노력한다. 그러나 그들 중 이런 노력에 성공한 사람이 얼마나 있었던가.

매릴린 먼로가 주한 미군 위문 공연을 마치고 돌아온 뒤,

당시 남편이었던 조 디마지오Joe DiMaggio(역대 최고라 손꼽히는 미국의 전설적 야구 선수 - 편집자 주)에게 이렇게 말했다.

"당신은 그런 환호성을 들어본 적이 없을 거야."

조 디마지오는 조용히 미소 띤 채 이렇게 대답했다.

"아니, 들어본 적 있지."

날마다 격렬한 환호성을 받으며 경기장에 나서는 것은 어떤 느낌일까? 아마도 똑같은 흥분을 느끼기 위해 계속 복용량을 늘려야 하는 마약과도 같을 것이다. 그렇다면 명예와 성공을 손에 쥐는 것은 축복인가, 저주인가?

내 친구의 아들 한 명이 영화배우로 일하고 있다. 영화계 전체로 보자면, 친구 아들은 어느 정도 성공했다고 할 수 있다. 꽤 유명한 영화에서 몇 번의 단역을 맡았기 때문이다. 물론 대사는 몇 줄에 불과하다. 하지만 엑스트라로도 출연을 못하는 수많은 영화배우 지망생을 생각하면, 그 아이는 상위 그룹에 속한다.

하지만 당신은 그 배우에 대해 들어본 적이 없을 것이다. 어쨌든 스타가 아니니까. 스타를 꿈꿨을 그 아이는 어쩌면 자신의 현재 상황에 실망하고 있을지 모른다. 그렇다면 친구 부부는 어떤지 궁금해진다. 친구 부부는 아들이 브래드 피트처럼 되기를 원했을까? 당신은 어떤가? 당신 자신이나 당신 아들이 그렇게 유명해지기를 바랄 것인가?

그렇다면 영화배우들은 행복할까? 그들이 과연 평범하게 생활하고 평범한 결혼생활을 유지할 수 있을까? 사람들의 생각은 아직까진 성공 쪽으로 기울어진 듯 보인다. 앞서 소개한 미식축구팀의 코치들처럼, 그 어떤 대가를 치르더라도 할리우드 스타가 되겠다는 배우 지망생들의 줄이 끝이 보이지 않을 정도로 긴 것을 보면 그렇다.

진정 통하는 것은 따로 있다

브래드 피트처럼 살면 짜릿할 거라고 생각하는 사람도 분명 있다. 아름다운 애인, 엄청난 재산, 세계적인 명성을 생각하면 그럴 수도 있다. 그런데 아주 크게 성공한 사람들이 특별히 행복해 보이지 않는 경우도 많다.

엘비스 프레슬리, 휘트니 휴스턴, 마이클 잭슨, 매릴린 먼로를 생각해보자. 짜릿했던 인기는 사라졌고 잃어버린 것은 늘어만 갔다. 그 어떤 짜릿함도 인생에서 잃어버린 것을 보상해주지 못했다. 즉, 지난 성공에 대한 만족이 더 이상 삶의 위안을 주지 못했던 것이다.

역사상 가장 훌륭하다고 일컬어지는 프로 골프 선수가 된 남자가 있다. 모델 출신의 금발 미녀를 아내로 둔 것도 모자라 6억 달러라는 재산을 지닌 거부가 됐다.

사람들은 아마 그의 인생이 만족스럽고 행복할 거라 생각할 것이다. 물론 충분히 그럴 수 있지만, 타이거 우즈Tiger Woods에게는 그렇지 않았나 보다. 골프채를 휘두르는 아내에게 쫓겨난 신세가 되고 말았으니 말이다.

스미스에게 야심, 즉 부자가 되거나 유명해지거나 아니면 둘 다가 되려는 욕망은 인생에 있어 반드시 피해야 할 독약이다. 페달에 일단 발을 올리고 나면, 멈추지 않고 계속 밟아야 하니까 말이다.

> 궁정에서의 화려한 노예 생활을 과감히 버리고, 자유롭고 두려움 없이 독립적으로 살겠다고 진지하게 결심했는가? 그 고결한 결심을 지킬 수 있는 한 가지 방법이 있다. 아니, 오로지 이 방법밖에 없다. 한 번 들어가면 되돌아 나온 사람이 거의 없는 그곳, 야심의 소굴로 절대 들어가면 안 된다. 그리고 세상 거의 모든 사람들의 관심을 사로잡은 지배자들과 자신을 절대 비교해서도 안 된다.

사실 스미스 본인도 유명해지고 부자가 됐다. 스미스는 이런 자신에 대해서는 어떻게 생각했을까? 따뜻한 난로 앞에서 그가 건네준 훌륭한 스카치위스키를 마시며 그에게 물어봤다면, 아마 이렇게 대답했을 것이다.

"유명해지고 부자가 되는 것은 나쁜 일이 아니지요. 하지만 그것만을 추구해서는 절대 안 됩니다. 벗이여, 진심으로 말하건대, 늘 겸손하기를……."

가능하면 내가 좋아하고 존중하는 일을 하고, 그렇게 일해서 가족이 먹고살 수 있다면, 그것에 만족하라. 그 외에 모든 것은 '뜻밖에 얻은 횡재'로 생각하라. 있으면 좋지만 없어도 그만인 것이다. 세상에는 나보다 더 부자고 더 유능하고 더 유명한 사람이 엄청나게 많다.

탈무드는 이렇게 묻는다.

'누가 부자인가?'

누가 부자냐고? 자기 운명에 만족할 줄 아는 사람이 바로 부자다. 내 운명에, 내가 가진 것에 만족이 잘 안 된다고? 스미스가 가르쳐준 두 가지를 기억하라. 관심받기 원하는 인간의 욕구와 관심받기 위해 필요한 것보다 더 많은 것을 원하는 인간의 심리 말이다. 아마 가진 것에 만족하기가 더 쉬워질 것이다.

스미스는 인생의 만족에 이르는 길을 우리에게 알려준다. 돈과 명예 말고도 우리가 사랑을 받을 수 있는 다른 방법이 존재한다. 재산이나 명예, 권력을 통해 세인의 관심을 추구하는 대신, 지혜롭고 선한 삶을 추구하는 것이다. 부자, 유명인, 권세가가 되어 타인에게 사랑받는 방법 외에 현명하고 도덕적인 사람이 되어도 타인에게 충분히 사랑받을 수 있다.

> 우리에게 두 가지의 서로 다른 인간 표본이 제시된다. 우리는 이를 바탕으로 자신의 성격과 행동을 만들어간다. 그중 하나는 천박하고 화려하게 반짝반짝 빛나는 반면, 다른 하나는 비록 화려하진 않지만, 윤곽이 선명하고 우아하며 또 아름답다. 전자가 목적 없이 헤매는 사람들의 주목을 끌어당긴다면, 후자는 열심히 배우고 신중하게 관찰하는 사람들의 관심을 받는다.

부와 명예, 권력으로 포장된 길은 화려하게 반짝이면서 우리를 끌어당긴다. 화려함이나 반짝임은 없지만 우아하고 아름다운 길, 지혜와 미덕을 추구하는 길이 더 낫다는 걸 굳이 복잡하게 설명하지 않아도 이제는 여러분도 잘 알 것이다.

전자의 길을 걷는 사람은 모든 사람들에게 주목을 받는다.

물론 지혜와 미덕의 길을 선택하는 사람도 존경과 주목을 받을 것이다. 단, 모든 사람이 아니라 '열심히 배우려 하고 신중하게 관찰하는 사람'에게만 그러하다. 그러니 환호하는 청중도 많지 않을 것이다.

실제로 스미스는 사람들에게 존경과 감탄을 받을 만한 사람이 되기 위해 노력했다. 그는 친구로서, 아들로서, 선생으로서 모두 훌륭한 사람이었다. 그는 지혜로웠고 도덕적으로 행동했다. 그리고 그 결과 많은 사람의 사랑을 받았다. '열심히 배우려 하고 신중하게 관찰하는 사람'뿐 아니라 시대를 초월하여 수도 없이 많은 사람의 사랑을 한몸에 받았다.

그렇다고 스미스가 이런 불멸의 명성을 얻기 위해 일부러 계획을 했거나 노력을 기울였던 것은 아니다. 그가 얻은 불멸의 명성은 '뜻밖에 얻은 횡재'였다. 그는 오히려 사람들이 많이 다니지 않는 조용한 길을 선택했다. 이는 애덤 스미스 전기를 썼던 작가 존 레John Rae의 얘기를 통해 엿볼 수 있다.

1787년, 스미스가 당시 유명한 법률가이자 정치가였던 헨리 던다스Henry Dundas의 저택에서 열린 만찬에 참석했을 때의 일이다. 그날 밤 초대된 유명한 손님들 중에는 당시 영국의 수상이던 윌리엄 피트William Pitt도 있었다. 존 래는 윌리엄 피트를 가리켜, '스미스의 열렬한 추종자 중의 한 명이며, 당시

『국부론』을 손에 들고 영국 재정을 개혁하고 있었다'고 설명했다. 스미스는 왕이나 정치꾼들politicians을 좋아하지는 않지만, 자신이 정치인statesman이라 부르는 사람들은 진정으로 존경했다. 그래서인지 모르겠지만, 스미스는 피트를 두고 자신의 연구 내용을 자기보다 더 잘 이해한 사람이라고 평가하기도 했다.

이 밖에도 그 만찬에는 미래의 영국 수상이 될 윌리엄 그렌빌William Grenville과 헨리 애딩턴Henry Addington은 물론, 당시 스미스가 지지했던 열렬한 노예 폐지론자인 윌리엄 윌버포스William Wilberforce 같은 명망 높은 정치가들도 참석했다. 스미스는 이날 만찬에 거의 마지막으로 도착했는데, 그가 도착하자 그곳에 있던 사람들이 모두 자리에서 일어나 그를 맞았다. 스미스가 그들에게 손사래를 치며 앉으라고 해도 그들은 앉지 않았다. 피트는 스미스에게 이렇게 말했다고 한다.

"앉으실 때까지 저희는 서 있겠습니다. 저희 모두 교수님의 제자나 다름없으니까요."

이처럼 스미스는 사람들에게 크나큰 사랑과 존경을 받았다. 그가 명예나 권력, 재산을 많이 소유해서가 아니었다. 그가 지혜와 미덕을 갖춘 위인이었기 때문이다. 분명, 스미스는 이 말을 듣고 기뻐했을 것이다.

스미스는 책뿐만 아니라 자신의 인생을 통해서도 인간이 어떻게 살아야 하는지를 알려주었다. 우리도 그처럼 삶에서 지혜와 미덕을 추구해야 한다. 언제나 공정한 관찰자가 우리를 지켜보는 것처럼 행동해야 한다. 공정한 관찰자의 시선으로 스스로가 어떤 사람인지 인식해야 한다. 그리고 돈과 명예의 유혹을 피해야 한다. 그것들은 결코 우리를 만족시켜주지 못하니까.

이 챕터의 내용은 이제 거의 끝나간다. 나는 피터 버핏의 얘기로 이 챕터를 마무리하고 싶다. 음악가의 길을 위해 1억 달러까지 오를 주식을 일찌감치 9만 달러에 매각한 워런 버핏의 아들을 기억하는가? 몇 년 전, 피터 버핏은 회고록을 출간했다. 책 속에 그가 꿈을 위해 버크셔 해서웨이 주식을 매각한 결정에 대해 되돌아보는 부분이 나온다. 나는 그에게 이런 질문을 던져본다.

'성공한 음악가로서의 삶이 1억 달러를 포기할 정도로 가치가 있는가?'

'1억 달러라는 돈이 훨씬 더 큰 즐거움을 주지 않았을까?'

그는 자서전에서 자신의 결정에 대해 전혀 후회하지 않는다고 했다. 책 속 그의 말은 위의 내 질문에 대해서도 충분한 답이 될 것 같다.

이제 나 자신에게 물어보자. 피터 버핏은 1억 달러라는 많은 돈으로 무엇을 가질 수 있을까? 더 좋은 자동차? 그 정도 돈이라면 400만 달러짜리 스포츠카인 람보르기니를 살 수 있을 것이다. 아니면 좀 더 저렴하게 30만 달러짜리 페라리로 만족할 수도 있다. 아니면 둘 다 살 수도 있다. 자동차뿐만 아니라 그 돈이면 누구나 상상하는 저택을 살 수도 있다. 오나시스처럼 섬을 한두 개 사들일 수도 있다. 이러한 물질적인 즐거움이 그가 꿈꾸었던 음악인의 삶을 희생시킬 만큼 가치가 있을까?

나는 피터 버핏이 충분히 이익이 남는 거래를 했다고 확신한다. 그는 1억 달러보다 훨씬 더 소중한 것, 즉 괜찮은 음악가의 삶을 얻었기 때문이다.

How Adam Smith
Can Change
Your Life

사랑받는
사람이
되는 법

주위 사람의 감정과 조화를 이루려면

원래 올라가 있던 톤을 반음 내려야 한다.

스미스가 제시하는 행복 처방전은 단순하다. 사람들에게 사랑받고, 사랑스러운 존재가 되면 된다. 이는 곧 존경받고 존경받을 만한 사람이 되고, 칭찬받고 칭찬받을 만한 사람이 되는 것을 의미한다. 그렇게 다른 사람들에게 중요한 존재가 되고, 다른 사람들이 생각하는 내 모습이 실제의 나와 같으면 된다. 한마디로, 정직한 방법으로 사람들의 존경과 존중을 받으면 된다.

사랑을 받는 방법에는 두 가지가 있다. 하나는 부자가 되고 유명해지는 것이고 다른 하나는 현명하고 도덕적인 사람이 되는 것이다. 스미스는 그중 두 번째 방법, 즉 지혜와 미덕의 길을 선택하라고 충고했다.

그렇다면 미덕이란 무엇일까? 그리 간단하지는 않다. 이 질문에 대한 스미스의 첫 번째 답은 '적절성'이라 부르는 최소한의 기준을 지키는 것이다.

'적절성'이라는 단어는 '타당한'이나 '적당한'이라는 뜻을 모두 품고 있다. 스미스가 이 단어를 제시한 이유는 모든 사람이 이해할 만하고 상황에 어울리게 행동한다는 개념을 설명하기 위함이다. 즉, 주변 사람들의 기대에 부응하며 말과 행동을 한다는 것을 뜻한다. 요즘 말로 '상식적으로 행동한다'는 뜻쯤 되겠다.

지혜와 미덕의 길을 선택한다는 것은, 그러니까 내가 주변 사람들의 기대에 맞게 행동하고 그들 역시 그렇게 행동함으로써 서로가 원하는 방식의 관계를 맺는 것을 말한다.

20대 초반, 칠레의 산티아고에서 경제학 연구원으로 여름 한 철을 보냈었다. 여름이 끝나고 귀국할 즈음 동료의 집을 일주일 동안 봐준 적이 있다. 첫날 밤, 그 집 소파에 편히 누워 궁궐같이 널찍한 공간을 만끽하며 신문을 읽기 시작했다. 그런데 갑자기 부엌에서 예고도 없이 한 여성이 불쑥 나오는 게 아닌가. 나는 깜짝 놀라 소파에서 벌떡 일어났다. 가정부가 올 거란 사실을 동료가 깜빡하고 말해주지 않았던 것이다.

그녀는 미소를 지으며 내게 무언가를 물었다. 하지만 내 스페인어 실력은 그리 좋지 않았고, 그녀는 영어를 전혀 하지 못했다. 그래도 내가 저녁식사로 무엇을 원하는지 알고 싶어 한다는 건 분명했다. 생판 모르는 사람이 저녁식사를 만들어 준다는 사실에 나는 갑자기 불편해졌다. 게다가 짧은 스페인어로 어떤 음식이 먹고 싶다는 걸 표현하기 어려워서 "그냥 다 좋아요"라고 말했다.

이제 그녀가 불편해질 차례였다. 아무거나 괜찮다는 내 대답에 그녀는 당황스러워 어쩔 줄 몰라 했다. 그 모습을 본 나 역시 어리둥절했다. 원하는 대로 편히 음식을 준비하라고 한 것은 분명 그녀에게 대한 친절과 배려였다. 하지만 그런 방식으로 저녁식사를 준비하는 것은 그녀에게 아주 낯선 상황이었다. 결과적으로 나는 적절성을 어긴 셈이었다.

우여곡절 끝에 그녀가 알아서 저녁식사를 준비하기 시작했고, 나는 다시 소파로 돌아갔다. 그러나 낯선 여성이 나를 위해 저녁식사를 만들고 있는 상황이 여전히 이상하게 느껴졌다. 결국 나는 또 한 번 적절성을 어기고 말았다. 말동무를 해 준답시고 부엌에 들어간 것이다. 내가 부엌에 들어서자 그녀는 크게 당황했는지 얼굴까지 붉혔다.

"무슨 문제라도 있으신가요?"

그녀가 물었다. 아니라고 그녀를 안심시켰지만 어색한 침묵이 이어졌다. 곧이어 내가 칠레의 문화적 관습을 어겼다는 사실을 깨달았지만, 일단 부엌에 들어간 이상 무슨 대화라도 하는 게 낫다고 생각했다. 그래서 최선을 다해 말을 걸어보았다.

대화는 잘 이뤄지지 않았다. 음악이 편안한 대화 주제라고 생각했던 나는 어떤 음악을 좋아하는지 물었다. 그녀는 홀리오 이글레시아스Julio Iglesias와 프랭크 시나트라Frank Sinatra를 좋아한다고 했다. 20대 초반이었던 나는 나이든 그 두 가수의 노래를 전혀 즐겨 듣지 않았다(나중에는 시나트라의 광팬이 되었지만).

음악 얘기에 실패하자 다른 이야깃거리를 생각해내기 위해 무진 애를 썼다.

'그래, 운동이 있었지! 축구는 어떨까?'

그녀에게 축구를 좋아하냐고 물었고, 다행히 그녀는 그렇다고 했다. 재빠르게 어떤 팀을 좋아하냐고 물었다. 그녀는 '콜로 콜로'라고 대답하며, 내가 좋아하는 팀은 어디냐고 물었다. 나는 '우니베르시다드 데 칠레'라고 대답했다. 그리고 이어지는 어색한 침묵. 역시나 더 이상의 활발한 대화는 이어지지 않았다.

칠레의 연구소에 근무하는 젊은 친구들도 다들 우니베르시다드 데 칠레를 좋아했던 터라 자신 있게 대답한 팀이었다.

하지만 나중에 안 사실인데, 콜로 콜로는 산티아고의 가난한
사람들이 응원하는 팀이었다. 반면 우니베르시다드 데 칠레
는 비교적 중산층 이상의 사람들이 좋아하는 팀인 데다가 콜
로 콜로의 오랜 숙적이었다.

축구팀에 관한 대화로 그녀와의 거리를 좁히려다가 도리어
우리의 사회적 거리를 일깨워주고 만 꼴이었다. 이 여성과 좋
은 관계를 맺어보려던 나의 목적과 의도는 좋았지만, 적절한
방법을 선택하지 못한 것이다. 결과적으로 나는 그 가정부가
기대하는 방식과 정반대로 행동하면서 그녀를 난처하게 만들
고 말았다.

적절과 부적절의 경계는 어디인가

아이러니하게도 요즘의 현대인들은 부적절성을 우상시하
기도 한다.

'다르게 생각하라Think Different'라는 애플의 광고 캠페인에
서 스티브 잡스는 이렇게 말한다.

"미친 자들에게 건배를Here's to the crazy ones!"

상당히 인상적인 광고 캠페인이다. 잡스는 룰을 깬 사람들

을 향해 경의를 표했다. 누구보다 자신이 룰을 깨는 데 앞장섰기 때문일까. 아무튼 스티브 잡스는 여러 면에서 역주행을 일삼았던 인물이다.

우리는 이렇게 아이러니한 시대에 살고 있다. 남들이 용납하지 않는 반대의 행동, 즉흥적인 행동, 새로운 관점의 튀는 행동이 적절한 행동보다 종종 더 높은 평가를 받는 시대인 것이다. 팝스타 마돈나Madonna, 포크싱어 밥 딜런Bob Dylan을 생각해보라. 이들은 모두 관습을 깬 말과 행동으로 자신들의 명성을 높이고 엄청난 돈을 벌었다.

그 외에도 적절성을 벗어나 명성을 얻은 사람들은 많다. 오프라 윈프리Oprah Winfrey(미국의 유명 토크쇼 진행자 겸 영화배우 - 편집자 주)와 종종 비교 대상으로 언급되는 하워드 스턴 Howard Stern(미국의 DJ 겸 영화배우 - 옮긴이)을 보자. 푸근한 이웃집 아줌마 같은 오프라 윈프리도 인기가 높지만, 음담패설과 거침없는 욕설을 일삼는 하워드 스턴 역시 몇십 년째 유명 토크쇼 진행자로 인기를 끌고 있다.

물론 대부분의 사람들은 일상생활 속에서 적절하고 타당한 행동을 권한다. 자녀를 키울 때도 어떤 행동이 적절하고 부적절한지 가르친다. 주변 사람들의 기대에 부응하는 것이 얼마나 중요한지 알기 때문이다. 우리는 아이들에게 '실례하지만' 혹은 '감사합니다' 같이 예의바른 말을 잊지 말라고 가르친다. 집 안에서는 크게 얘기해도 되지만, 집 밖에서는 남에게 방해될 정도로 크게 얘기하면 안 되며, 밥은 얌전히 먹어야 된다고 가르친다.

어른들도 적절한 행동에 대한 규칙을 다들 비슷하게 생각하고 또 지키며 산다. 친구가 휴가에서 돌아오면 여행이 어땠는지 묻고, 수심 가득한 친구의 얼굴을 보면 무슨 일이 있냐고 묻는다. 반면 모르는 사람이 걱정스러운 표정을 짓고 있다면, 그때는 아무 말도 하지 않는다. 하지만 모르는 사람이라도 길을 잃고 헤매는 것처럼 보이면, 그때는 또 도와주는 것이 예의다. 로마에 있을 때는 로마사람처럼 행동하는 것이 좋다. 그러니 나도 산티아고에 있을 때 가정부의 기대에 맞추려고 애를 써야 했다.

우리는 여러 형태의 관계 속에서 살고 있다. 나와 관계가 먼 사람들을 대하는 방식과 가까운 사람들을 대하는 방식은 다를 수밖에 없다. 일례로 나와 가장 가까운 사람들 사이에서는, 서로에 대한 기대가 있을 수도 있지만 없을 수도 있다. 허물없을 정도로 너무 가까운 사이라면 기대가 아예 없을 수도 있기 때문이다. 그러므로 아내의 생일 때 꽃을 주기보다는, 어느 날 갑자기 꽃을 주는 게 나을 수도 있다.

적절한 행동에 대한 주위 사람들의 기대에 부응하면, 관계가 매우 순조로워질 뿐 아니라 그들과 우아하고 즐겁게 지낼 수 있다. 적절성은 모든 사람들이 참여하는 교향곡에서 자신의 파트를 연주하는 것과 같다. 교향곡이 아닌 솔로 연주와 즉흥 연주라 해도, 모두가 기대한 방향으로 연주할 때 가장 큰 박수를 받는 법이다.

물론 우리는 스미스가 살던 시대보다는 격식을 덜 차리며 산다. 요즘은 청바지를 입고 대통령 선거운동을 해도 괜찮다. 여자가 먼저 남자에게 데이트 신청을 하고 남자를 적극적으로 쫓아다녀도 아무렇지도 않다. 하지만 이는 1759년에는 전혀 적절하지 않았던 행동들이다. 1759년에 귀에 이상한 기기를 꽂고 혼자 중얼거리며 걸어 다녔다면, 다들 정신병자로 여겼을지도 모른다. 요즘엔 이어폰을 꽂은 채 휴대폰으로 통화하며 걷는 사람들이 사방에 널렸다. 이처럼 적절성은 시대별로 차이가 있다. 하지만 어떤 시대, 어떤 사회든 대체적으로 적절하다고 혹은 부적절하다고 여기는 행동의 기준은 언제나 존재한다.

혹시 적절성이 보수적인 관습이나 예절만을 뜻한다고 오해하는 것은 아닌지 모르겠다. 스미스가 말한 적절성은, 인간의 본성 그리고 타인의 감정에 대한 반응에 집중한다. 즉, 주위 사람들의 감정과 경험에 공감되거나 공감되지 않는 기준의 문제라는 뜻이다. 그의 책 제목이 왜『도덕감정론』인지 드러나는 부분이다.

따라서 누군가 크게 웃은 농담을 재미있다고 생각하면, 나도 그를 따라 크게 웃을 것이다. 누군가 눈물을 흘린 비극적인 얘기에 공감한다면 나도 그처럼 아파할 것이다. 누군가 미쳐 있는 노래가 내 머릿속에서도 계속 맴돈다면, 서로 간에 완벽한 공감이 이루어진 것이다. 물론 나와 타인의 반응이 일치하지 않는 경우도 있다.

> 만약 나의 증오에 친구도 크게 분개한다면, 만약 나의 슬픔에 친구도 충분히 슬퍼한다면? 만약 나의 감탄이 너무 대단하거나 미미해서 친구가 공감하지 못한다면, 만약 내가 큰 소리로 웃고 있는데, 친구는 미소만 짓고 있거나 혹은 그 반대의 상황이라면?

스미스는 타인과 나의 반응이 조화를 이루지 못한다면, 각자의 반응을 서로가 인정하지 않는다는 것이라고 지적했다. 다소 가혹하게 들릴 만하다. 반려묘가 죽어서 나는 흐느끼는데 친구는 냉정을 유지하고 있다. 이 경우, 그렇다면 친구는 정말로 내 반응을 인정하지 않는 것일까?

컨트리 가수 조지 존스George Jones의 대표곡 〈He Stopped Loving Her Today〉을 들을 때마다 나는 매번 눈물이 난다. 나는 그 노래를 최고의 노래라고 칭찬하지만 당신은 그 곡이 진부하고 빤하다고 생각할 수 있다. 각자 좋아하는 노래가 충분히 다를 수 있지 않을까? 남이 인정하든 인정하지 않든 그게 그렇게 중요할까? 그냥 서로 어깨를 으쓱하곤 취향은 다르기 마련이라고 넘겨버리면 되지 않을까?

당신은 쓰리 스투지스Three Stooges(미국의 희극배우 - 옮긴이)를 좋아하지만, 나는 막스 형제Marx Brothers(미국의 희극배우 - 옮긴이)를 더 좋아한다. 당신은 찰리 채플린Charlie Chaplin을 좋아하지만, 나는 버스터 키튼Buster Keaton(미국 영화배우 - 옮긴이)을 더 좋아한다. 당신은 슬랩스틱 코미디 영화인 〈덤앤더머〉를 좋아하지만, 나는 로맨틱 코미디 영화인 〈사랑의 블랙홀〉을 좋아한다. 당연히 그럴 수 있지 않을까? 남의 취향이 나와 다른 게 무슨 큰 문제란 말인가? 이게 적절성이나 사람 관계에 있어 무슨 연관이 있단 말인가?

이런 생각을 하다 나는 사람들이 타인의 반응에 동의하거나 동의하지 않는 과정이 어떻게 이루어지는지 궁금해졌다. 이에 대해 스미스는 어떻게 생각했을까?

감정의 조절이 빚어내는 마법

각자 취향이 다를 수는 있지만, 그래도 이왕이면 내가 좋아하는 것을 상대도 좋아하길 바라는 마음이 인간의 본성이라고 스미스는 얘기했다. 때로는 바라는 것에 그치지 않고 내가 좋아하는 것을 상대도 좋아하도록 설득하기까지 한다고 했다. 스미스의 통찰력이 빛나는 순간이다. 생각해보자. 내 슬픔에 대하여 상대가 과도하게 슬퍼하거나 별로 슬퍼하지 않는다면, 나는 당혹스럽고 불편한 감정을 느낀다. 친구들과 정치에 대해 얘기할 때 서로 의견이 다르면 불편하고 화나는 것도 같은 맥락이다.

현대 사회에서는 나와 반대되더라도 타인의 행동과 선택을 용인하라고 가르칠 때가 많다. 관용은 현대가 만든 위대한 종교다. 우리가 지금 관용이라는 종교를 이렇게 굳게 믿는 것을 본다면, 아마도 스미스는 깜짝 놀랄 것이다. 그러나 아무리 관용이 현대 사회를 지배하고 있어도, 그 안에 숨어 있는 인간의 내밀한 감정들은 스미스가 얘기한 인간의 본성을 그대로 보여준다.

나와 상대방이 느끼는 감정의 격차가 커질수록, 둘은 서로의 반응이 부적절하다고 생각하면서 점점 멀어질 것이다. 사람들은 서로의 감정이 어긋나기보다는 조화되는 쪽을 선호한다. 스미스가 다룬 감정과 사회적 공감에는 이 조화의 개념, 즉 내 감정과 상대의 감정이 일치할수록 좋다는 개념이 관통한다.

살다 보면 나와 상대의 감정 격차가 특히 더 중요하게 작용하는 경우가 있다. 사실 시나 노래, 예술 작품에 대한 느낌에 대해서는 격차가 있다 해도 쿨하게 인정하기 쉽다. 그러나 사적인 일에 관한 것일 때는 얘기가 달라진다. 내가 좋아하는 시 한 편이 아니라, 내 친구들을 좋아해주는 것이 내게는 훨씬 더 중요하기 때문이다.

스미스는 우리가 비극적인 사건을 겪거나 승리를 맛볼 때, 상대의 감정이 내 감정과 같기를 원한다고 말했다. 비극적인 사건에 맞설 때, 나는 상대가 내 슬픔에 동조하길 원한다. 이 때문에 스미스는 상대가 내 슬픔의 일부를 나눠 갖는다면, 그것으로 나는 충분히 위로받는다고 했다.

이렇게 상대가 나와 같은 반응을 보이면서 내 상황에 공감하면 실로 놀라운 일이 일어난다. 그로 인해 내 슬픔의 일부가 사라지는 마법 같은 일이 벌어지는 것이다.

그러나 그렇다 해도 상대는 내 슬픔을 상상만 할 수 있을 뿐, 나와 온전히 같은 입장은 될 수 없다. 상대는 내가 아니기 때문이다. 그래서 우리는 상대의 감정을 느끼기 위해 최선을 다할 뿐, 100퍼센트 공감할 수는 없다.

여기서 또 하나의 마법 같은 일이 벌어진다. 상대가 나와 똑같이 고통스러울 수 없다는 사실을 알기 때문에, 나는 상대 앞에서 일부러 내 슬픔을 누그러뜨린다. 나만큼 슬퍼하기를 기대하는 대신, 내 슬픔을 조금 낮추는 것이다. 반대로 상대 는 나만큼 슬픔을 느끼려고 무진 애를 쓴다. 나는 그 모습을 보면서, 상대가 느낄 수 있는 수준에 맞춰 슬픔의 감정을 더 세밀하게 조절한다. 친구들보다 가족 앞에서 훨씬 편하고 격하게 울 수 있는 이유가 바로 여기에 있다. 가족은 친구보다 내 슬픔에 더 가까이 있으므로, 굳이 조절할 필요가 없는 것 이다.

감정의 공감 작용은 동료의 목소리에 맞춰 끊임없이 내 목소리를 조정하는 이중창과 같다. 그러나 스미스는 감정의 조절이 이중창처럼 완벽하게 이루어질 수는 없다고 지적했다. 우리는 불완전한 인간이기 때문이다. 따라서 감정을 애써 조정할 부담이 적을수록, 즉 상대와 내 반응이 비슷할수록 나는 훨씬 편안함을 느낀다.

격렬한 슬픔에 빠진 나를 주변 사람들이 위로해줄 때,

나는 큰 위안을 받는다. 그리고 나는 그들이 내 슬픔에 온전히 공감할 수 있도록 나의 감정을 적절히 억제한다. 그래야 위안받을 수 있다고 생각하기 때문이다.

감정의 강도를 서로 맞춘다는 개념을 정확히 표현하기 위해, 스미스는 음악에 빗대어 화음을 위해 올라간 반음을 내린다고 말했다.

감정을 누그러뜨려 주위 사람의 감정과 조화를 이루려면, 원래 올라가 있던 음에서 반음을 내려야 한다.

고통을 받는 사람은 자신의 격정을 누그러뜨리려 애쓰고, 주변 사람들은 고통 받는 사람의 아픔을 느껴보려고 애쓴다. 그러나 완벽히 그럴 수는 없다. 고통의 경험이 서로 같지 않기 때문이다.

타인의 연민은 애초에 내가 느꼈던 슬픔의 경험과 정확히 일치할 수 없다. 역지사지의 마음으로 느낀 공감이란 공허하게도 타인의 상상에 불과하다. 결국 타인의 공감은 늘 미미한 수준에 그친다. 그뿐 아니라 내가 느껐던 슬픔과는 다른 느낌으로 바뀌기도 한다.

다행히 고통받는 사람이 위안을 받는 데 반드시 감정의 일치가 필요한 것은 아니다.

그러나 분명한 것은 이 두 감정이 어느 정도 일치할 수 있다는 사실이다. 두 감정이 완전히 같을 수는 없지만, 화합은 이룰 수 있다. 사회를 조화롭게 하는 데는 이 정도로도 충분하다.

두 음이 정확히 똑같은 것이 동음이다. 반면 두 음이 똑같지 않아도 듣기에 좋은 것이 협화음이다. 동음이 아닌 협화음이야말로, 사람과의 관계에서 우리가 바랄 수 있는 최상의 결과다.

앞에서 잠깐 설명했지만, 우리는 모르는 사람이나 그저 알고만 지내는 사람 앞에서는 스스로 슬픔의 강도를 줄인다. 나의 슬픔에 대한 그들의 연민은 친구나 가족에 비해 현저히 떨어질 수밖에 없기 때문이다. 따라서 스미스는 가까운 친구가 곁에 있다면, 내 슬픔이 없어질 수도 있다고 말한다.

우리가 격렬한 슬픔 안에서 평정심과 냉정함을 찾을 수 있도록 친구가 곁에 있어준다면, 마음이 극도로 불안해지는 일은 거의 없다. 우리 앞에 친구가 나타나는 순간, 마음이 어느 정도 차분해지고 침착해진다.

이러한 과정은 사뭇 특별하다.

우리는 곧바로 친구가 내 처지를 어떤 시각으로 바라볼지 생각한다. 그리고 친구와 똑같은 시각에서 내 처지를 바라보기 시작한다. 이러한 공감의 효과는 즉시 나타난다.

친구로부터 위안을 받는 것은 친구의 눈을 통해 자신의 고통을 들여다보기 때문이다. 우리는 친구의 시선으로 자신을 본다. 그러면 자연적으로 슬픔이 줄어든다. 그게 친구다. 그다음에는 지인이 있고, 마지막으로 모르는 사람이 있다. 친구가 아닌 사람을 떠올려보자. 내 처지에 대해 친구나 지인보다 더 적게 공감하지 않는가.

단순한 지인에게 우리가 기대하는 공감은 친구에게 기

대하는 공감보다 덜하다. 친구에게는 드러낼 세세한 사정들을 단순한 지인에게는 모두 드러낼 수 없기 때문이다. 따라서 우리는 지인 앞에서는 더욱 평온한 척하고, 그가 기꺼이 맘 써줄 일만 털어놓는다. 그런가 하면 낯선 사람에게는 이보다 훨씬 더 적은 공감을 기대한다. 따라서 우리는 낯선 사람 앞에서는 훨씬 더 평온한 척한다. 그리고 아무리 내 감정이 격해도 그가 공감할 만한 수준까지 낮추려고 노력한다.

이렇듯 친구나 사랑하는 사람보다는 그냥 아는 사람이, 그리고 그냥 아는 사람보다는 모르는 사람들이 나의 고통에 덜 공감한다. 이 때문에 모르는 사람들이 주위에 있으면 친구가 옆에 있을 때보다 훨씬 더 효과적으로 평정심을 되찾을 수 있다는 게 스미스의 생각이다. 자못 독특하지 않을 수 없다.

그런데 지인이나 낯선 사람 앞에서 평온한 척하는 것이 꼭 가식은 아니다. 이는 실제로도 우리의 격한 마음을 진정시키는 데 도움이 된다. 우리가 우리 마음을 자유로이 제어할 수 있다고 가정해보자. 우리는 친구보다는 단순한 지인과 있을 때 실제로 마음이 더욱 진정된다.

그리고 지인보다는 낯선 사람과 함께 있을 때 훨씬 더 진정된다.

감정적인 문제를 겪던 사람이 모르는 사람들 앞에서 평정심을 찾았다면, 이는 단순히 평온한 척하는 것이 아니라 실제로 기분이 나아졌다는 얘기다. 모르는 사람은 나의 처지를 완벽하게 공감할 수 없다는 걸 알기에, 그 사람의 공감 정도에 맞게 격한 감정을 조절했기 때문이다.

가족과 언쟁을 벌이고 있을 때를 상상해보자. 언쟁은 점점 더 뜨거워지기 시작하고, 나는 점점 더 화가 난다. 가족의 감정 역시 점점 더 격해지기 시작한다. 그때 휴대폰이 울린다. 마감 시한이 빡빡한 일을 도와주기로 약속한 동료의 전화다. 나는 마음의 평정을 찾으려고 목소리를 가다듬는다.

"여보세요?"

내 목소리는 평소와 다름없다. 언쟁으로 불타오른 뜨거운 분노는 순간 사라져버렸다. 어떻게 이런 일이 가능할까? 친하지 않은 동료의 전화가 나의 분노를 사그라뜨렸다. 전화를 받을 당시 나는 진정된 척 연기를 한 것이 아니다. 그 순간 분노를 확 가라앉히면서 실제로도 마음의 진정을 찾은 것이다.

1870년 무렵에 태어나신 내 고조할머니는 할아버지에게 기분이 가라앉거나 우울할 때에는 밖에 나가서 바위에게 고민을 털어놓으라고 말씀하셨다. 미국의 16대 대통령이었던 에이브러햄 링컨Abraham Lincoln은 부하들 때문에 화가 날 때면, 비난조로 가득한 편지를 쓴 다음 밀봉하여 서랍 속에 넣어두곤 했다. 낯선 사람에 의해 마음이 진정되는 과정이 어색하다면, 이처럼 사람이 아닌 사물에 대고 쌓인 걸 털어놓자. 상당히 효과적이다.

격한 감정을 누그러뜨리는 좋은 방법이 또 있다. 주체 없이 화가 날 때면, 딱 하루 동안만 그 화를 참았다가 터뜨릴 생각을 해보는 것이다. 그렇게 하루가 지나면 곧 폭발할 것만 같았던 화가 꽤 차분히 가라앉게 된다. 시간이 지나면 감정은 수그러지기 마련이므로. 바위를 앞에 두고 얘기를 쏟아내는 것, 보내지 않을 편지를 쓰는 것, 화를 다음날 터뜨릴 생각, 모두 지나친 화로 인해 어리석은 말이나 행동을 해버리는 실수를 막는 좋은 방법들이다.

그렇다면 기쁨은 어떨까? 사람들은 기쁨에 대해서도 똑같이 행동한다. 승진을 했거나 연봉이 올랐을 때, 혹은 회사에서 좋은 평가를 받았거나 공들여 쓴 제안서가 통과됐다고 생각해보자. 집에 가서 가족들에게 그 소식을 전할 때까지 기다리는 게 힘겨울 지경이다. 자, 그때 마침 지하철에서 내리자

마자 가끔 학교 행사에서 마주친 이웃을 만난다. 평소에도 이런저런 수다를 떨곤 했던 사람이다. 이웃이 요즘 잘 지내냐고 묻는다. 순간 갑자기 노래를 부르고 싶을 만큼 마음이 들뜬다. 그리고 이렇게 외치고 싶다.

"내 제안서가 드디어 통과됐어요!"

하지만 우리는 그렇게 하지 않는다. 이웃에게 그런 모습을 보일 만큼 친하지 않기 때문이다. 그래서 자꾸만 삐져나오는 웃음을 감추며 이렇게 말한다.

"네, 저희는 잘 지내요. 잘 지내시죠?"

하지만 집에 와서 가족들을 보자마자 곧바로 참았던 웃음을 터뜨린다. 그러고는 기쁨에 겨워 서로 부둥켜안는다.

우리는 이렇게 배우자나 부모, 가장 친한 친구들과 인생의 성공과 행복을 함께 나눈다. 그런데 아무리 친한 친구라도 내가 느끼는 기쁨을 온전히 똑같이 느끼지는 못한다. 스미스는 타인의 슬픔과 기쁨에 반응하는 방식에는 차이가 많이 난다고 말했다.

슬픔과 기쁨에는 차이점이 있다. 일반적으로 기쁨은 작을수록, 슬픔은 클수록 쉽게 공감하는 경향이 있다.

상대가 작은 성공을 거두면 나도 함께 좋아한다. 그러나 상대가 갑작스럽게 크게 성공하면, 내가 기뻐하는 데 다소 힘이 들 수 있다. 질투심이 그 추악한 고개를 들지도 모르기 때문이다.

갑작스러운 운명으로 생활 여건이 과거보다 훨씬 높아진 사람이 있다. 그는 친한 친구들이 건네는 축하 인사가 모두 진심은 아니라는 걸 눈치챌 것이다.

작가인 고어 비달Gore Vidal은 이에 대해 더욱 직설적으로 말했다.

'친구가 성공할 때마다 나는 조금씩 죽어간다.'

스미스에 따르면, 갑자기 크게 성공한 사람은 친구들이 질투심 때문에 자신의 기쁨을 함께 느끼지 못한다는 사실을 깨닫는다. 따라서 자신의 성공과 행운을 애써 감추려고 할 것이다. 그렇게 그는 겸손하려고 노력하겠지만, 그게 어디 쉬운 일인가.

재치와 유머가 있는 사람들과 함께 시간을 보내는 것만으로도, 우리는 하루 종일 기분이 좋다. 이처럼 일상에서 만나는 작은 기쁨으로 충분히 행복해진다. 이렇게 우리가 작은 기뿜들을 주위 사람들과 나누면, 그들에게도 행복이 잔잔하게 퍼진다. 하지만 우리가 누린 큰 성공에 대해서는 그 기쁨이 너무 큰 까닭으로, 가장 친한 친구나 가족하고만 그 기쁨을 나눈다.

이번에는 슬픔에 대해 살펴보자. 슬픔은 기쁨과 정반대다. 슬픔은 클수록 타인의 공감을 더 쉽게 얻는다.

보통 우리는 사소한 고민거리로 짜증이 난 사람에게는 쉽게 공감하지 않는다. 스미스는 친절하게도 우리가 잘 공감하지 못하는 사람들의 불만거리를 아예 목록으로 만들어두었다. 요리사의 요리가 형편없다고, 동료가 무례하다고, 여행이 불편했다고, 교외에 갔는데 해가 제대로 뜨지 않았다고 불평하는 경우 등 지금 봐도 완전히 공감 가는 것들이다.

> 소소하게 불쾌한 일이 생길 때마다 불평하는 사람들이 있다. 요리사나 집사의 아주 작은 실수에 기분 나빠하는 사람, 예의 바른 타인의 행동에서도 기어이 결점을 찾아내고야 마는 사람, 오전에 만난 친한 친구가 "굿모닝!"이라고 인사하지 않았다고 기분 나빠하는 사람, 자신이 얘기하고 있는데 동생이 계속 콧노래를 흥얼거렸다고 기분 나빠하는 사람, 교외에 나갔는데 날씨가 나

쁘다고, 여행 중에 도로 상태가 좋지 않다고, 시내에 나
갔는데 친구도 없고 재미도 없다고 성이 난 사람들 말
이다. 물론 그들 나름대로 화가 난 이유가 있겠지만, 글
쎄 내 생각엔 다른 사람의 공감을 얻어내지는 못할 것
이다.

이에 덧붙여 스미스는 그러한 고민거리는 공감을 얻지 못하
는 정도가 아니라, 더 나쁜 결과를 초래할 수 있다고 했다. 사
람들이 그런 사소한 고민거리를 비웃을 수도 있기 때문이다.

인간에게는 악의라는 것이 존재한다. 이로 인해 타인의
사소한 고민거리에 전혀 공감하지 못할 뿐 아니라 그것
을 비웃을 수도 있다.

사람들은 자신이 느끼는 작은 불평불만에 대해서 타인의
공감을 기대하지 않는다. 그래서 뿔이 났다는 사실을 아예 숨
기거나, 아니면 반대로 자신의 짜증을 대수롭지 않게 위트를
섞어 말한다. 그런 불편이 전혀 문제될 게 없다고 보여주는
것이다. 인간은 그 정도로 의지가 강하다. 내 동생도 여행을
다닐 때마다 겪는 불편함을 늘 유머러스하게 얘기하는데, 이

런 얘기가 동생의 불평이 아닌 그저 재미있는 에피소드로 들리는 것도 그런 이유다.

그런데 고통의 정도가 매우 심하다면, 이는 반대로 강력하고 진지한 공감을 불러일으킨다. 스미스는 사람들이 허구라는 것을 알면서도 비극에 눈물 흘리는 이유가 여기 있다고 설명했다. 셰익스피어의 4대 비극처럼 훌륭한 예술작품(그리고 가끔은 저급한 작품까지도)은, 인간이 비극에 대해 갖는 타고난 공감을 잘 활용하곤 한다. 그렇다 해도 우리가 가장 크게 공감하는 순간은 허구가 아닌 실제 비극이 닥쳤을 때다. 게다가 그 비극이 사랑하는 사람에게 찾아왔다면 공감의 정도는 훨씬 더 강력해진다.

기쁨과 슬픔의 벽

스미스가 알려준 인간 내면의 첫 번째 불균형을 이해했는가? 사람들은 기쁨이 작을수록, 슬픔이 클수록 더 쉽게, 더 빨리 공감한다.

그러나 복잡하게도 사람이란 슬픔보다는 기쁨에 공감하길 좋아한다. 결혼식에서 느끼는 기쁨과 즐거움을 생각해보라.

장례식에서 느끼는 슬픔보다 감정의 강도가 훨씬 더 크지 않은가.

스미스 역시 그렇게 생각했다. 그는 장례식에서 느끼는 슬픔에 대해 '엄숙한 척하는 수준에 불과하다'고 말했을 정도다. 그러나 결혼식에 참석한 사람들은 진정으로 그 자리를 즐긴다. 스미스는 이때 사람들이 비록 잠깐 동안이지만 당사자만큼 기뻐한다고 강조한다.

> 우리가 친구를 진심으로 축하할 때, 그의 기쁨은 문자 그대로 우리의 기쁨이 된다. 아무리 인간이 천성적으로 진심을 다해 상대를 축하하지 않는다 해도, 우리가 친구를 축하하는 그 순간만큼은 우리도 친구 못지않게 행복하다. 그 순간, 우리의 가슴은 부풀어 올라 진실한 기쁨으로 넘실댄다. 그 기쁨과 만족으로 우리의 눈이 빛나고 우리의 표정과 몸짓이 활기를 띈다.

그러나 친구에게 조의를 표할 때는 그들만큼 슬퍼하지 못한다.

> 반대로 고통을 당한 친구를 위로할 때, 우리는 친구가

느끼는 슬픔에 비하면 턱없이 얕은 슬픔밖에 못 느낀다. 우리는 친구 옆에 앉아서 그의 손을 꼭 잡는다. 그리고 친구가 자신의 불행한 일들에 대해 얘기할 때, 엄숙한 자세로 그 얘기를 주의 깊게 들어준다.

사람들은 친구의 슬픔에 전적으로 공감하지 못한다는 사실에 상심한다. 이 때문에 공감을 인위적으로라도 만들려고 애쓴다. 안타깝지만 그렇게 인위적으로 만들어낸 공감은 얼마 못 가 빠르게 사라지고 만다.

숨 막힐 정도로 흐느끼는 친구가 슬픈 감정으로 말을 잇지 못하는 모습을 보면서도, 우리는 쉽게 그의 슬픔에 젖어 들지 못한다. 그 모습을 보며 우리도 애써 '나였어도 그만큼 슬펐을 거야'라고 생각한다. 동시에 '난 왜 이렇게 감성이 메말랐지?' 하며 자책할지도 모른다. 그렇게 우리는 억지로라도 친구의 슬픔에 대한 공감을 만들어낸다. 하지만 장례식장을 나오면 그런 감정들은 금세 증발해버린다.

타인의 고통에 대한 공감이 일시적으로 생겼다가 사라져버리는 특징이 있음에도 불구하고, 스미스는 그 정도면 딱 알맞은 정도의 관심이라고 결론 내렸다.

만약 관심이 과하다면, 살면서 마주할 수없이 많은 슬픔들을 어떻게 감당하면서 살겠는가. 그러니 그저 친구를 위로해줄 수 있을 정도의 공감이면 충분하다.

> 조물주는 우리가 감당할 수 있는 만큼의 슬픔만 준다. 친구의 슬픔에 대해서도 위로와 연민 정도면 충분하다고 말한다. 그 이상의 슬픔을 반복해서 느끼는 건 불가능하기 때문이다.

이 원고를 쓰기 며칠 전, 친한 친구를 만났다. 친구는 사촌이 죽어가고 있다며 슬퍼했다. 두 사람은 아주 가까운 사이였다. 나는 친구의 슬픔에 충분히 공감할 수 있었다. 그 얘기를 듣는 내 얼굴도 분명 침통한 표정이었을 것이다. 나는 친구의 손을 꼭 잡아주며, '내 마음도 슬프다'라고 말한 뒤, 계속 소식을 알려달라고 부탁했다.

나는 정말로 슬펐지만 오랜 시간 동안 기분이 침울해질 정도는 아니었다. 친구 때문에 분명 슬퍼했지만, 실제로는 슬프지 않았다고도 할 수 있다. 집에 와서 아내에게 친구의 사촌

애기를 해주고는 금세 잊어버렸기 때문이다. 그런데 얼마 전 그 친구가 하던 일이 크게 성공했다는 소식을 들었다. 그 소식을 듣고 나는 너무 행복했다. 마치 내가 성공한 것처럼 너무너무 기뻤다.

이렇듯 기쁨과 슬픔에 대한 인간의 선호도는 첨예하게 다르다. 이는 돈 많고 유명한 사람들이 가난하고 평범한 사람들보다 더 많은 관심과 환호를 받는 이유와 일맥상통한다. 우리가 돈 많고 유명한 사람들의 성공 스토리를 즐기는 이유이기도 하다. 반면 가난하고 평범한 사람들의 스토리에 대해서는? 애기를 듣는 동안 잠시 안타까운 감정이 들긴 하지만, 그 감정은 오래가지도 않고 그 깊이도 얕다.

스미스는 이러한 인간 본성을 너무도 정확하게 꿰뚫고 있었다. 그는 이 때문에 부유한 사람들이 자기 재산을 과시하고 가난한 사람들이 자신의 결핍을 숨긴다고 말했다.

> 슬픔보다 기쁨에 더 많이 공감하는 인간의 성향 때문에, 우리는 부를 과시하고 가난을 감춘다. 많은 사람들 앞에서 고통스러운 우리 모습이 드러나는 것은 매우 치욕스러운 일이다. 가난한 우리의 처지가 만천하에 드러났음에도, 우리가 겪는 고통의 반만큼도 연민하는 사람은 존

재하지 않는다. 이는 크나큰 비애다. 인간의 이런 본능 때문에 우리는 부를 추구하고 가난을 피하는 것이다.

이렇듯 우리가 주위 사람들과 공감을 나누는 과정에는, 여러 차등적 단계가 있다. 친한 친구들에 비해 모르는 사람들에 대한 공감에는 한계가 있다.

또한 기쁨과 슬픔에 대한 공감 역시 각각 다른 방식으로 발생한다. 다른 사람의 기쁨은 우리가 질투하지 않는 한, 우리를 행복하게 만든다. 다른 사람의 슬픔은 아무리 친한 친구라고 해도 우리 마음을 덜 움직인다.

만일 내가 크게 성공한다면, 실패한 사람 앞에서 나의 성공을 떠벌릴 수 있을까? 만일 그랬다간, 상대방은 나의 성공에 진심으로 기뻐하지 못할 것이다. 도리어 그는 상처를 받는다. 자, 그럼 누군가가 고통스러워하고 있다면, 나는 타인에 대한 타고난 무관심을 극복하고 상대의 슬픔에 온전히 마음을 쏠 것인가? 만일 내가 힘든 상황에 처해 있다면, 나의 고통을 감당할 수 없는 사람에게 내 슬픔을 한껏 쏟아내겠는가?

인간 본성에 대한 스미스의 가르침을 관계의 적절성을 지키는데 어떻게 활용할 수 있을까? 스미스는 슬픔과 기쁨 등의 감정을 다른 사람들과 어떻게 나누는 게 현명한지『도덕감정론』을 통해 친절하게 알려준다. 그는 친한 친구들, 그냥 아는 사람들, 그리고 모르는 사람들을 구분하여 이에 맞는 적절한 감정적 교류를 하라고 조언한다. 즉, 상황과 사람, 감정의 종류에 따라 감정 표현의 적절성을 지키며 말하고 행동하면 된다.

적절하게 행동한다는 것은 주위 사람들의 기대에 부응하는 능력이다. 상대는 내 기대에 맞게 행동한다. 나 역시 상대의 기대에 맞게 행동함으로써 상대의 신뢰를 얻는다. 그렇게 주고받은 신뢰를 바탕으로 적절한 반응을 보이면서 감정을 공유할 수 있다. 이것이 바로 사랑스러움의 시작이다. 즉, 자신을 지키면서 주위 사람들의 존경까지 얻는 이상적 관계의 출발점인 것이다.

적절한 행동에 대한 기준은 스미스가 생각하는 신사의 기준에 속한다. 적절성을 갖추면, 즉 적절하게 행동할 수 있으면, 주위 사람들의 인정을 얻을 수 있다고 스미스는 말했다. 그러나 단지 적절성만으로 사람들의 존경이나 축하를 받지는 않는다. 사람들의 존경과 축하를 받으려면, 미덕이 필요하다.

**How Adam Smith
Can Change
Your Life**

끌리는
사람들의
공통점

신은 우리에게 두 손을 주었다.

하나는 받기 위함이고

또 하나는 주기 위함이다.

-빌리 그레이엄-

사랑받는 사람이 되기 위한 더 훌륭한 방법으로, 스미스는 미덕을 갖춘 삶을 권했다. 미덕, 이 애매한 단어의 정확한 의미는 무엇일까? 스미스가 생각하는 미덕에는 여러 의미가 있다. 그중 그가 가장 강조한 세 가지가 있으니, 바로 신중, 정의, 선행이다. 이를 갖춘 인간은 사랑스러운 존재가 되어 주위 사람들에게 존경과 칭찬을 받게 된다. 즉, 이 세 가지는 사랑받는 사람이 되기 위해 필요한 자격요건인 셈이다.

스미스는 이 세 가지로 무엇을 말하려는 것일까? 쉽게 설명하면 대략 다음과 같이 정리할 수 있다.

신중 = 자기 자신을 돌본다

정의 = 다른 사람을 해치지 않는다

선행 = 다른 사람을 선한 마음으로 대한다

훌륭한 삶을 사는 방법으로 이 세 가지 조합은 그리 나쁘지 않아 보인다.

'신중한'이라는 의미는 무모하지 않게 행동한다는 뜻이지만, 스미스는 그보다 훨씬 더 많은 의미를 부여했다. 스미스가 생각하는 신중함은 건강과 돈, 평판 등 인생과 연결된 모든 것들을 현명하고 진지하게 보살핀다는 의미다.

따라서 신중한 사람은 활동적이며 자신을 꾸준히 관리한다. 또한 열심히 일하고 빚을 지지 않으며 벼락부자와 같은 허황됨을 멀리한다. 즉, 한탕주의를 경계하고 성실하게 일해 조금씩 나아지는 삶을 살고자 한다.

그렇다면 신중한 사람은 자신의 평판을 어떻게 관리할까?

스미스에 따르면, 신중한 사람은 진실하고 정직하다. 본인이 잘 알고 있는 사실이라고 해도 나서서 말하지 않는다. 논의 중에 언제나 자신의 의견을 제시하는 것도 아니다. 그는 좋은 친구지만 사람들을 대할 때 과장된 행동은 삼간다. 그에게 우정이란, 신중하게 잘 고른 몇몇 친구들에게 충실한 믿음을 주는 것이다. 그의 친구들은 눈에 띌 정도로 이루어놓은 것이 많거나 화려한 사람은 아니다. 하지만 겸손하고 사리 분별을 잘하며 선하게 살고자 하는 사람들이다.

신중한 사람은 요란하고 가식적인 파티를 별로 좋아하지 않는다. 술잔치를 벌이면서 크게 떠들어대는 친목 모임에 자주 가지 않는다. 신중한 사람은 남에게 해를 끼치지 않으려고 애쓴다. 그는 결코 무례하게 구는 적이 없다. 그는 내일의 더 큰 편안함과 즐거움을 위해 오늘의 안락을 기꺼이 희생할 만큼 절제심이 있다. 인생에서 간절하게 원하는 것을 위해 지금 당장의 즐거움을 자제할 수 있다.

그는 또한 남의 일에 끼어들기를 좋아하지 않는다. 조국의 부름을 받으면 열심히 봉사는 하겠지만 아마도 공직 생활을 원하지는 않을 것이다. 나라를 다스리는 일은 기꺼이 남에게 맡기고자 한다. 성공에 대한 야심 이면에 숨겨진 공허함을 원치 않기 때문이다. 훌륭하고 관대하게 행동함으로써 얻는 영광 역시 굳이 바라지 않는 다. 그는 그저 방해받지 않고 평온함을 즐길 수 있는 삶을 살기를 바랄 뿐이다.

여기까지 읽은 독자는 마치 스미스가 개인주의를 찬양하는 것처럼 느낄 수도 있겠지만, 스미스는 공적으로 현명하고 분별 있는 행동도 높이 평가했다. 신중함을 지닌 장군, 국회의원, 정치가는 신중이라는 미덕을 용기나 자애, 정의 같은 다

른 미덕들과 조화롭게 결합시키는 사람들이라고 스미스는 강
조했다.

스스로 삶의 품격을 높이는 법

그렇게 다른 미덕들과 결합된 신중은 도덕적으로 가장 완
벽한 상태라 할 수 있다. 마치 최고의 심성과 최고의 두뇌가
결합한 것처럼 말이다. 다시 말하면, 가장 완벽한 미덕과 가
장 완벽한 지혜가 결합한 상태가 바로 신중이다.

스미스가 다룬 신중의 특성들 중에서, 내가 가장 마음에 드
는 부분은 다음의 인용문에 잘 나와 있다. 신중한 사람이 자
신의 지적재능을 대하는 방식이다.

> 신중한 사람은 매사에 진지하고 열심히 연구한다. 자
> 신이 몸담고 있는 분야를 온전히 이해하기 위해서, 그
> 리고 자신의 지식을 매개로 다른 사람을 잘 이해시키기
> 위해서다. 이런 이유로 그의 재능이 비록 늘 훌륭한 것
> 은 아닐지라도, 언제나 진실한 것만은 틀림없다.

신중한 사람은 진실하다. 그는 자신의 재주와 성공에 대해 늘 겸손하다. 신중한 사람이 되기 위한 스미스의 조언을 간단하게 표현하면 '적게 말하고 많이 행동하라'일 것이다.

> 신중한 사람은 교활한 사기꾼의 교묘한 계략으로 당신을 속이려고 하지 않는다. 또한 오만한 현학자의 건방진 태도로, 혹은 천박하고 경솔하게 자기주장만 내세우는 사람처럼 굴지 않는다. 그는 자신의 능력을 떠벌리지도 않는다. 그의 대화는 간결하고 겸손하다. 그는 다른 사람들이 대중의 관심과 명성을 얻기 위해 자주 이용하는 엉터리 홍보 기술들을 끔찍이 싫어한다.

18세기에 어떤 엉터리 홍보 기술이 있었는지는 모르지만, 현대인들의 자기 홍보 기술은 그야말로 별천지나 다름없다. 사람들은 때로 단지 사람들의 관심을 얻기 위해 트위터(X), 페이스북, 인스타그램 등 SNS와 인터넷같이 다양한 홍보 기술을 때로는 무차별적이고 무분별하게 활용한다. 이런 홍보 기술도 엉터리 기술인 것일까?

SNS와 인터넷이 엉터리 기술인지는 모르겠지만, 무분별한 자기 홍보가 품위를 떨어뜨린다는 말은 맞는 것 같다. 지금

시대의 이러한 자아도취증은 18세기 사람들이 최악이라 생각했던 자아도취증의 정도를 능가하는 것처럼 보인다. 이제 현대인들에게 어려운 과제가 주어졌다.

'점점 품위가 떨어지는 이 세상에서 어떻게 품위를 유지할 것인가?'

구글에 따르면, 이 세상에 출간된 책은 1억 3천만 권 정도다. 사람들이 1억 3천만 권 중에 내가 쓴 책 한 권을 뽑아서 읽기를 바란다면, 북을 치고 깃발을 흔들거나 탭댄스를 춰서라도 무조건 내 책을 일단 쳐다보게 만들어야 한다. 이제는 내가 팔고 있는 상품의 장점을 무조건 트위터와 인스타그램에 올려 엄청나게 광고해야 하는 시대인 것이다.

이런 시대에 우리는 무엇을 해야 할까? 어떻게 우리의 품위를 유지할 수 있을까? 어떻게 해야 SNS와 같은 현대적인 자기 홍보 기술을 이용하되, 엉터리처럼 안 보이게 할 수 있을까?

관심받기 좋아하고 자신을 알리기 좋아하는 사람이라면, 사람들 앞에 나서기 좋아하는 자신의 성격을 그대로 인정하라. 사람들은 대화 중에 흔히 "나 좀 봐봐Look at me"라고 말한다. 이 말은, 말 그대로 상대가 자신을 봐주길 원한다는 의미다. 그러니 이 말을 썼다면, 일부러 쑥스럽지 않은 척할 필요가 없다. 대신 자신에 대해 신중하고 품위 있는 방식으로 말하면 된다. 어떻게 하면 될까? 우선, 거짓말을 하거나 부풀려 말하지 말 것. 그리고 자신의 성과물이나 능력을 과장하지도 말 것. 그리고 받지도 않은 학위를 받았다고 하거나 하지도 않았던 베트남 근무를 꾸며내지 말 것!

'당신의 철칙'과 '나의 철칙'을 기억하는가? 사람은 오로지 자신에게만 신경을 쓸 뿐, 상대에게는 별 관심을 갖지 않는다는 철칙 말이다. 이러한 '각자의 철칙'에도 불구하고 상대의 관심을 크게 끌고 싶다면 어떻게 해야 할까? 상대를 마구 괴롭히는 것은 어떨까? 그러면 나에게 관심을 크게 갖지 않을까? 어쩌면 그럴지도 모른다. 하지만 괴롭힘 당하는 것을 좋아하는 사람은 없는 법이다.

카드값이 계속 밀린 어떤 코미디언이 독촉장과 경고장을 보내는 신용 카드 회사를 이렇게 상대했다고 한다.

"잘 들어. 한꺼번에 카드값을 낼 형편이 안 되니까, 모자에 청구서들을 한꺼번에 넣어놨다가 매달 몇 개씩만 꺼내서 돈을 낼 거야. 그런데도 계속 나를 괴롭히면, 청구서를 모자에 넣어두지도 않을 테니 조심해."

관심을 끌고자 상대를 괴롭힌다면, 반대로 영영 상대의 관심에서 벗어날 수 있다. 만일 내가 누군가를 이메일로 많이 괴롭히면, 그들은 이 코미디언처럼 나를 모자에서 아예 끄집어내 버릴 것이다. 내 메일을 '스팸메일 폴더'로 밀쳐놓으면 그걸로 그냥 끝이니까.

그러니 자기 홍보 기회를 악착같이 이용하기보다 이를 일부러라도 피해볼 것을 권한다. 그러면 오히려 자기 홍보가 더 잘 될지도 모른다. 물론 요즘 세상에선 몸을 사리다가 기회를 놓치면 바보가 된 것 같은 기분이 들 수도 있다. 그러나 저렴해 보이는 야바위꾼보다 차라리 바보가 되는 것이 낫지 않을까.

스미스가 높이 평가하는 신중한 사람이 다소 재미없고 고루하게 느껴질 수도 있다. 하지만 분명컨대 신중한 사람은 삶에 대한 품위를 잃지 않는다. 또한 신중한 사람의 행동에는 스미스가 갈망하던 많은 것들이 내재되어 있다. 장기적으로 보았을 때, 신중이란 결국 내 자신의 품격을 높여주는 중요한 미덕이다.

생활에서 실천하는 정의의 원칙

훌륭한 사람이 갖춘 세 가지 미덕 중 두 번째인 정의는 무엇을 뜻할까? 『도덕감정론』의 전반부에서, 스미스는 정의를 두고 타인에게 피해, 혹은 상처를 주지 않는 것이라고 설명했다. 이는 나쁜 짓을 하지 않는 미덕, 즉 소극적인 미덕을 말한다. 유대 현인 힐렐도 수천 년 전에 '내가 당하고 싶지 않은 일을 타인에게 하지 말라'고 말한 바 있다. 도둑질하지 말고, 살인하지 말고, 남을 이기기 위해 거짓말하지 말고, 카드놀이를 할 때 속이지 말고, 학교에서 부정행위를 하지 말고, 배우자에게 욕하지 말고, 누군가에게 상처 주지 말라고 말이다.

스미스는 정의에 대해 얘기하면서 우리를 바라보는 공정한 관찰자의 시각을 언급했다. 그는 우리의 부당한 행동이 타인에게 어떻게 인식되는지 설득력 있게 설명했다. 그는 누군가를 해치는 행동이 인정되는 유일한 경우는 복수나 처벌밖에 없다고 얘기한다.

> 다른 사람이 우리에게 나쁜 짓을 했을 때 느끼는 분노는 정당하다. 그러나 그 외에는 어떤 이유로도 우리는 이웃을 해칠 수 없다. 또한 그 어떤 이유로도 사람들의 공감을 얻으며 남에게 나쁜 짓을 할 수 없다.

계속해서 스미스는 만약 우리가 순전히 자신을 위해 누군

가를 해친다면 공정한 관찰자가 나쁜 평가를 내릴 것이라고
말한다.

> 단순히 내 행복에 방해가 된다는 이유만으로 남의 행복
> 을 해친다면, 절대로 공정한 관찰자의 지지를 얻을 수
> 없다. 나에게 유용하다는 이유만으로 남에게서 정말 유
> 용한 것을 빼앗는 것도 마찬가지다. 물론 남을 희생시
> 켜가면서까지 자신의 행복을 중요시하는 것이 인간의
> 본성이다. 그러나 이런 본성에만 몰두하는 사람은 공정
> 한 관찰자의 공감을 절대 얻지 못한다.

스미스는 '당신의 철칙'을 인정하면서도, 타인보다 자신을
우선시 하는 것이 왜 나쁜지 훌륭하게 정리했다. 그는 중국에
서 발생한 지진의 예에서 사용한 동일한 논리를 적용했다. 사
람들이 타인보다 자신에 대해 더 많이 신경을 쓰기는 하지만,
그렇다고 남을 해치며 사는 것은 공정한 관찰자가 결코 받아
들이지 못한다는 것이다.

> 모든 사람이 타인보다 자기 자신을 좋아하는 것은 당연
> 한 사실이다. 그러나 그렇다고 다른 사람을 향해 '나는

당신보다 나 자신을 더 좋아한다'고 과감하게 말하는 건 곤란하다. 비록 이것이 인간의 본성을 드러내는 말이라 해도 말이다. 그런 말을 대놓고 하는 건 타인의 눈에 터무니없어 보인다는 사실을 우리 역시 잘 알고 있다.

공정한 관찰자의 시선을 의식한 인간은 오만한 자기애를 꺾는다. 그리고 다른 사람들도 공감할 수준으로 자기애를 끌어내린다. 스미스는 인생이라는 게임에서 공정한 플레이란 무엇인지 감명 깊게 정리하면서 단락을 마친다.

사람들은 부와 영예, 그리고 높은 지위를 얻기 위한 경주에서 이기기 위해 있는 힘껏 달리기 시작한다. 그런데 그 과정에서 누군가가 경쟁자들 중 한 사람을 밀치거나 넘어뜨린다면, 이를 지켜보는 사람들은 일제히 분노할 것이다. 시합의 규칙을 위반했기 때문이다. 이런 상황에서 사람들은 남에게 피해를 끼친 사람의 자기애는 고려 하지 않는다. 이 때문에 그에게 아무도 공감하지 않는다. 그들은 오직 피해자가 느끼는 분노에만 기꺼이 공감하고, 가해자에게는 증오와 분노를 느낀다. 결국 가해자는 자신이 주위 사람들의 증오와 분노를 일으킨 존재라는 사실을 깨닫게 된다. 그리고 자신을 향한 분노들이 머잖아 사방에서 터져 나오리라는 것도 알게 된다.

자기애에 빠진 사람들은 남보다 앞서기 위해 비열하게 행동할 수 있다. 그러나 공정한 관찰자의 눈을 통해 자기 자신을 보면, 그 행동이 잘못되었음을 알게 될 것이다.

정의의 원칙은 비교적 흑백이 분명하다. 누군가에게 10달러를 빚졌으면, 돈을 갚기로 합의한 시점에 10달러를 갚아야 한다. 의무적으로 해야 하는 일에 관하여서는 복잡하거나 애매할 일이 없다.

물론 스미스는 정의의 원칙이 다소 유연하게 적용되는 상황도 있다고 인정한다. 그러나 그는 정의를 그런 식으로 접근하면 언젠가 파국이 닥칠 수 있다고 강하게 경고했다. 설사 그런 상황이 올지라도 인간은 확고부동하게 정의의 원칙을 따라야 한다고 덧붙였다. 그럴수록 더욱 칭찬받고 신뢰받는 사람, 즉 사랑스러운 사람이 될 수 있다는 것이다.

'특별한 상황에서는 정의의 원칙을 무시할 수도 있다.' 이렇게 생각하기 시작하면, 우리는 더 이상 신뢰할 수 없는 사람이 돼버린다. 나아가 자꾸 이런 식으로 예외를 두기 시작하면 비열한 짓도 서슴지 않게 된다. 스미스는 도둑과 간통자의 예를 들면서 터무니없는 자기 합리화로 사람이 어떻게 곤란해질 수 있는지 설명했다.

> 부잣집에서 물건을 훔치는 도둑은, 주인이 그 물건을 도둑맞는지 모를 것이므로 자신이 나쁜 짓을 하지 않았다고 생각한다. 친구의 아내와 간통을 저지르려는 남자도 마찬가지다. 친구가 의심하지 않고 그의 가정이 평화롭게 유지된다면, 나쁜 짓을 하지 않은 거라고 생각한다. 그러나 일단 이런 미묘한 상황들에 굴복하기 시작하면, 그 어떤 흉악한 범죄 행위에도 거리낄 게 없어진다.

살다 보면 주체 못 할 욕망과 평소 옳다고 생각하는 신념이 충돌할 때가 있다. 이때는 세상의 규범과 도덕의 원칙이 공정한 관찰자의 목소리를 지지하는 역할을 한다. 스미스는 '빚은 항상 갚아야 하고, 남의 물건은 훔치면 안 되며, 배우자를 배신해서는 안 된다'와 같은 상식적 원칙에서 벗어나지 않는 것이 중요하다고 강조했다. 이는 특히 자기기만에 맞설 때 중요하게 작용한다. 이 원칙이 깨지는 순간, 인간은 자기 합리화에 빠진다. 그리고 스미스의 표현 그대로, 그 어떤 흉악한 범죄에도 거리낄 게 없어진다. 이는 가벼운 경고 차원이 아니다. 응급 상황에 요란스럽게 울리는 사이렌 소리다.

스미스가 이런 충고를 한 데는 다 이유가 있다. 그는 인간 본성의 심오한 부분을 이해하고 있었다. 스미스에 따르면, 인간은 다소 헐렁한 규칙보다 매우 엄격한 규칙을 오히려 더 쉽게 지킨다. 감자칩을 몇 개만 집어먹느니, 아예 안 먹는 것이 더 쉬운 것처럼 말이다. 언뜻 생각해보면 아예 안 먹는 것보다 몇 개만이라도 먹는 것이 더 쉽게 느껴질 수도 있다. 하지만 몇 개를 먹다 보면 계속 먹고 싶은 게 인간의 심리고, 그 타고난 심리를 억제하는 것은 매우 어려운 일이다. 우리가 기계가 아닌 감정을 가진 사람이기 때문이다.

스미스는 정의의 원칙을 지킬 때는 아주 엄격하고 정확하게 지키라고 조언했다. 어떠한 예외나 수정도 용납해서는 안 된다고 강조하면서. 스미스의 조언대로 정의의 원칙들을 아주 정확하게 지킬 수 있을 때 우리는 비로소 우리 삶에서도 정의를 실현할 수 있다.

무엇이 과연 진정한 선행인가

스미스가 제시한 세 가지 미덕 중 세 번째인 선행은 또 다른 문제다. 선행이란 무엇인가? 쉽게 말해 좋은 일을 한다는 의미다. 나쁜 일을 하지 않는 것은 어쩌면 쉽고 간단하다. 하지만 좋은 일을 한다는 것은, 무엇이든 행동을 취해야 함을 의미한다. 좋은 일이란 무엇을 어떻게 해야 하는 것일까? 선행의 원칙이란 대체 무엇인가?

안타깝게도 이에 대해서 '맞다, 아니다'로 간단히 분류할 수 있는 원칙이 없다. 정의의 원칙들은 이분법적으로 분명히 분류할 수 있지만, 선행의 원칙들은 애매모호하여 쉽게 규정할 수 없다.

그래서인지 스미스는 비교적 쉽고 단순한 '감사하는 마음'을 예로 들었다. 감사를 표현하는 일은 쉽게 지킬 수 있는 선행의 원칙처럼 보인다.

누군가가 큰 조건 없이 1,000달러를 빌려준다면, 그에게 감사하는 마음을 갖게 된다. 그리고 그가 힘들어할 때는 반대로 내가 그에게 돈을 빌려줘야 할 것이다. 이때는 그에게 똑같이 1,000달러를 빌려줘야 할까? 이 돈은 언제 빌려줘야 할까?

이번에는 그와 내가 경제적으로 매우 큰 차이가 난다고 생각해보자. 부자인 그가 내게 1,000달러를 빌려준 것은 아무것도 아니었지만, 가난한 내가 그에게 1,000달러를 빌려주고 난 후 경제적 어려움에 시달린다면? 혹은 그가 돈 대신 1,000달러의 가치가 있는 나의 소중한 물건을 빌려달라고 요청한다면? 그에게 감사한 마음을 빚진 나는 어떤 요청이라도 승낙해야 할까?

스미스는 서로의 상황이 크게 다르다면 수치는 큰 의미가 없다고 말했다. 내가 상대에게 빌린 돈의 10배를 준다 해도, 때론 그것이 감사하는 마음의 100분의 1도 안 될 수 있다는 것이다. 이런 경우, 나는 상대에게 배은망덕하다고 충분히 비난받을 수 있다. 아니, 그런 비난을 받아 마땅하다.

그러므로 사람에 따라 1,000달러를 빌리고 단 1달러를 갚더라도 감사한 마음이 충분할 수도 있고, 10,000달러로 갚아도 감사한 마음이 전혀 없을 수도 있다.

이처럼 감사하는 마음은 그 원칙이나 의미가 다소 모호한데, 그나마 선행을 구성하는 다른 미덕에 비하면 비교적 쉽고 간단한 편이다. 스미스는 우정, 인간애, 환대, 관대함의 원칙은 더욱 애매모호하고 정확히 규정할 수 없다고 얘기한다.

거의 모든 미덕의 원칙들, 즉 신중, 자선, 관대, 감사, 우정이 무엇인지 규정하는 것은 대단히 어렵다. 이 원칙에 대해서는 예외의 경우가 많고, 수정이 필요한 경우도 대단히 많다. 때문에 이들을 온전히 지키면서 행동을 조절하는 것은 거의 불가능하다.

이번에는 자선을 생각해보자. 자선은 고통 받고 있는 사람이나 절망에 빠진 사람, 또는 가난한 사람을 도와주는 미덕이다. 그렇다면 굶주리는 사람들이나 금전적으로 어려운 사람들을 도우려면 무엇을 해야 할까?

감사하는 마음보다 개념적 이해가 더 쉽지 않으니 예를 들어보겠다.

대도시에 여행을 간 관광객의 입장이라고 생각해보자. 그런데 어떤 사람이 내게 다가와 돈을 구걸한다면, 그 사람에게 돈을 줘야 할까? 준다면 얼마나 줘야 할까? 그 사람이 혹시 마약이나 술을 사는 데 돈을 쓸 거란 의심이 든다면, 과연 그에게 돈을 주는 게 옳은 일일까?

자선이라는 주제로 딱히 정확한 답을 내기 힘든 질문들은 이 외에도 수없이 많다.

돈을 달라는 모든 사람에게 똑같은 액수의 돈을 줘야 할까? 과연 누가 진짜 경제적으로 가장 궁핍한지 알아내려고 애써야 할까? 어쩌면 불특정한 거지 한 명에게 돈을 주는 대신, 특정한 빈곤층에게 돈을 주는 자선 단체에 기부를 하는 것이 좋을 수도 있다. 하지만 그렇게 되면 서식이나 공무원을 불편해하는 거리의 노숙자들은 전혀 도움을 못 받는 것 아닐까?

아니면 자선 단체든 노숙자든, 그 누구에게도 돈을 주지 말아야 할지도 모른다. 내가 낸 세금이 이미 누군가의 무료 급식 배급표에 쓰였을지도 모르니까. 그 정도면 끼니를 굶는 사람들에 대한 사회적 의무를 다한 게 아닐까? 그리고 그 의무를 다했다면, 이제는 극빈층 자녀들이 사립학교에 다닐 수 있도록 장학 기금에 돈을 내야 하는 것일까?

누구라도 이러한 질문들에 쉽게 답하기는 어렵다.

스미스는 정의의 원칙을 문법에 비유한다. 문법은 한 치의 오차도 없이 정확하고 필수불가결한 요소들로 구성된다. 그래서 이를 정확하게 이해하고 적용하는 데 혼란이 없다. 그러나 선행을 이루는 원칙들은 탁월하고 고상한 글을 쓰기 위해 필요한 원칙과 같다. 생각해보자. 고상한 글을 쓰기 위한 분명하고 확실한 원칙이 과연 무엇이란 말인가.

정의의 원칙은 문법의 규칙에 비교할 수 있다. 반면 그

외의 다른 미덕에 관한 원칙들은 비평가들이 고상하고 격조 높은 문장을 쓰는 데 필요하다고 얘기한 규칙과도 같다. 전자는 정밀하고 정확하고 필수불가결하다. 그에 비해 후자는 모호하고 명확하지 못하다. 또한 후자는 우리가 완벽을 추구할 때 필요한 정확한 지침을 주지 못한다. 단지 완벽함에 대한 추상적인 관념을 제시해줄 뿐이다.

우리는 정해진 규칙에 따라 문법에 맞게 글 쓰는 법을 배울 수 있다. 이와 마찬가지로 정해진 원칙에 따라 올바르게 행동하는 법 또한 배울 수 있다.

완벽한 문장에 대한 모호한 개념을 바로잡고 확인하는 데 도움을 주는 규칙들은 있다. 그러나 고상하고 우아한 글을 쓸 수 있는 정확한 규칙들은 없다. 마찬가지로, 정의에 대한 불완전한 생각들을 바로잡고 확인할 수 있게 하는 원칙들은 있다. 그러나 언제나 신중하고 관대하며 선하게 행동하도록 가르쳐주는 정확한 원칙들은 존재하지 않는다.

고결한 행동은 훌륭한 글과 같다. 고결한 행동이나 훌륭한 글은 보는 순간, 그 가치를 바로 알 수는 있어도 이를 쉽게 배울 수는 없다. 그리고 어떤 행동이 고결한지, 어떤 글이 훌륭한지 정확하게 설명할 수도 없다.

이렇듯 선행의 원칙들에 있어 애매한 부분이 많기 때문에, 선하게 사는 일이 무척 힘들 수밖에 없다. 무엇을 할지 확신하지 못해서가 아니다. 아주 정확하게 지킬 수 있는 선행의 원칙들이 없기 때문이다. 이로 인해 아주 이기적인 일을 하고도 자신이 이타적인 일을 했다고 착각하기가 쉽다.

내 도움을 필요로 하거나 대화하고 싶어 하는 우리 아들을 내버려둔 채, 가끔 축구 경기에서 눈을 떼지 못할 때가 있다. 이때 나는 아주 여러 가지 방법으로 내 이기적인 행동을 합리화시킬 수 있다.

첫째, 나에게 휴식이 필요하다는 것을 스스로에게 강조한다. '나는 가족을 위해 언제나 열심히 일하고 있으니 가끔이라도 축구 경기를 보며 쉬어야 다음날 일하는 데도 지장이 없고 또 좋은 아빠도 될 수 있어'라고 하면서. 그러니 나는 TV를 끄고 내 아들에게 관심을 기울이지 않아도 된다.

둘째, 내가 여러 가지 일을 동시에 잘 하는 사람이라고 스스로를 속일 수도 있다. 실제로는 아들의 얘기를 잘 듣지도 못했으면서, 축구 경기를 보면서도 아들 얘기에 귀 기울였다고 생각해버리는 것이다.

마지막 셋째, 비록 죄책감이 들긴 하지만 '아이가 원하는 족족 관심을 기울일 수는 없는 일 아니겠어?'라며 자기 합리화를 해버릴 수 있다. 그래서 나는 언제 아들에게 관심을 기울여야 하는지에 대한 원칙을 까다롭게 선택해야 한다. 가끔 아들이 그날 있었던 일과 같은 사소한 얘기를 할 때는 축구 경기를 봐도 괜찮다. 그때는 내가 아들에게 관심을 기울일 타이밍이 아니기 때문이다.

아이들이 어릴 때 내가 읽었던 육아서에는, 아이가 손을 내밀면 항상 손을 잡아주라고 쓰여 있었다. 아이가 크면 부모 손을 잡으려고 하지도 않을 테니, 그때가 되면 손잡는 순간도 제대로 즐기지 못한 것을 매우 후회할 것이라는 얘기였다. 그 책을 읽은 뒤 내 나름의 선행 원칙을 만들었다. 우리 딸이나 아들이 손을 내밀면 항상 손을 잡아주기로 한 것이다. 그러자 전보다 더 자주 아이들의 손을 잡게 됐고, 그 순간을 충분히 즐길 수 있었다.

아이 손을 잡는 것은 전혀 귀찮은 일이 아니다. 그러나 내가 깜박 잊어버렸거나 뭔가 상황이 여의치 않았거나 혹은 매우 피곤하다는 이유로, 잡지 못한 적이 많다. 그저 아이 손을 잡는 일 하나도 지키기 어려운데, 하물며 꾸준히 지켜야 하는 선행은 어떨까? 선행의 원칙들은 편하게 아이의 손을 잡는 일보다 더 많은 희생과 노력이 필요하기 때문에 당연히 지키기 어려울 수밖에 없다.

이 밖에도 선행의 원칙을 지키기 어려운 이유가 또 있다. 상대를 돕는 것에만 너무 관심을 기울이면 되레 피해를 줄 수도 있다. 예를 하나 들어보겠다. 정말 급한 제안서를 당장 끝내야만 한다. 그래서 아이는 혼자 수학 숙제를 해야 한다. 이때 아이의 수학 숙제를 도와야 한다는 사실에 지나친 관심을 기울인다면 다음과 같은 사항들을 놓칠 수 있다.

'아이가 나의 도움 없이 숙제를 하는 것이 더 낫지 않을까? 스스로 숙제하게 놔두는 것이 자립하는 법을 가르치는 것 아닐까? 아이가 의지할 사람 없이 숙제를 풀면, 그 내용을 더 잘 기억하지 않을까?'

숙제를 돕지 못한 아빠의 변명처럼 들릴 수도 있다. 하지만 동시에 아이를 위하는 아빠의 정당한 논리일 수도 있다. 이처럼 어떤 것이 상대에게 더 이로운지 상황에 따라 기준이 달라지기 때문에 선행의 원칙들을 지키는 일은 정말 어렵다.

『도덕감정론』을 통해 스미스도 재차 강조한 얘기지만, 선행을 실천할 때는 모호한 원칙이라도 있어야 그나마 지키기가 덜 어렵다. 그 원칙들이 보편적이지 않고 나 자신에게만 해당되는 독특한 원칙이어도 상관없다. 그리고 그 원칙에 아주 정확한 실행 지침이 없어도 괜찮다. 지킬 수 없는 비현실적인 원칙이라 해도 문제될 것 없다. 예를 들어 육아에 있어서 '아이가 손을 내밀면 항상 손을 잡아주어라'라든지 '항상 아이에게 정성껏 관심을 기울여라'와 같은 큰 줄기의 원칙이 있어야, 육아에서의 선행을 지키기 수월해진다는 뜻이다.

'아이가 도움을 원하면 발 벗고 돕는다'는 원칙을 지닌 사람이 있다. 아이가 혼자서는 수학문제를 도저히 풀지 못하는데도 그가 축구 경기에 빠져 있거나 아무 생각 없이 인터넷 서핑에 열중한다고 생각해보라. 이 모습을 공정한 관찰자가 바라본다면 과연 어떻게 생각하겠는가. 공정한 관찰자의 외침을 들은 그는 자기가 원칙을 어겼음을 알고 창피해할 것이다. 그리고 얼른 아이의 숙제를 도와줄 것이다. 이처럼 선행의 원칙들이 존재할 때 우리는 자기중심적인 성향을 스스로 경계하면서 선행에 한 걸음 더 다가갈 수 있다.

우정이라는 인생 최고의 헌사

스미스에게는 신중, 정의, 선행이 중요한 미덕이었지만, 그는 이 세 가지를 얘기하는 과정에서 사실 그보다 더 많은 것들을 언급했다. 그중 하나가 바로 우정이다.

스미스의 가장 친한 친구였던 데이비드 흄은 1776년 8월에 세상을 떠났다. 흄이 죽은 지 몇 달 뒤에 스미스는 흄과 자신의 저서를 출판한 윌리엄 스트라한William Strahan에게 편지를 보냈다.

그 편지에는 스미스가 흄과 나눈 마지막 대화 내용과 더불어 흄이 다가오는 죽음에 어떻게 대처했는지에 관한 내용이 담겨 있었다. 특히 편지의 마지막 부분에서 스미스는 현명하고 고결한 사람에 대한 자신의 이상형을 정확히 표현했다.

스미스는 아래 편지 구절을 통해 사람들이 흄의 철학적 견해에 대해서는 다른 생각을 가질 수 있어도, 그의 성격이나 행동에는 절대 의문을 제기할 수 없을 거라고 단언했다.

> 결코 잊지 못할 뛰어난 친구가 세상을 떠났습니다. 그 친구의 철학적 견해에 대해 사람들은 분명 다양한 평가를 내릴 것입니다. 그의 철학적 견해에 대해서는 동의할

수도 있고 비난할 수도 있습니다. 하지만 그의 성격과 행동에 관해서만큼은 그런 의견 차가 있을 수 없습니다.

흄은 경제적으로 넉넉지 않을 때도 언제나 차분하고 평화로웠다. 심지어 재산이 바닥났을 때조차 자선을 베풀고 너그러운 모습을 보였다. 흄이 돈을 신중하게 생각했던 이유는 스미스가 탐욕이라 부른 욕심과는 거리가 멀었다. 오히려 자신이 돈에 휘둘리지 않기 위해서였다.

그의 성품은 내가 아는 사람들 중에서 가장 행복하고 안정되어 보였습니다. 재산이 바닥나면서 불가피하게 아주 절약하는 삶을 살아야 했지만, 그럼에도 불구하고 그는 언제나 자선을 베풀고 너그럽게 행동했습니다. 탐욕스럽게 돈을 아끼고자 그가 검소했던 것이 아닙니다. 그는 어려운 상황 속에서 어느 누구의 도움도 받지 않는 자립적인 삶을 추구하고자 검소하게 살았던 것입니다.

흄의 위트와 농담은 천박하지 않았다. 스미스의 편지에 쓰인 표현대로 악의라고는 전혀 볼 수가 없었을뿐더러, 다른 사람들의 기분을 해치지도 않았다.

그는 굉장히 온화했지만, 매우 단호했고 결의에 찬 사람이었습니다. 그는 성품뿐 아니라 유머마저 매우 훌륭했습니다. 농담 한마디를 해도 섬세하고 겸손하게, 그리고 진실하게 했기 때문입니다. 사람들에게 불쾌감을 안겨주는 악의적인 위트는 한 번도 보인 적이 없었습니다. 또한 사람들에게 굴욕감을 안겨주려고 농담을 한 적도 전혀 없었습니다. 그의 친구들이 자주 농담의 대상이 되곤 했는데, 농담의 대상이 된 이들조차 기분이 상하기는커녕 오히려 즐기고 기뻐했습니다. 그들에게 있어 흄처럼 훌륭하고도 정감 있는 친구는 없었을 것입니다. 이처럼 그는 장점이 많은 사람입니다. 그와 대화를 나누면, 대화의 가치가 한층 더 높아지는 이유가 여기에 있습니다.

스미스는 흄의 유쾌함과 지적 재능, 집중력을 칭찬하며 이로 인해 흄이 충분히 존경받을 만하다는 말로 편지를 끝마쳤다. 흄에 대한 스미스의 마지막 묘사는 누구라도 친구에게 듣고 싶어 할 훌륭한 헌사다.

흄은 매우 유쾌한 사람이었습니다. 유쾌함이란, 사회에

서는 자칫 경박하고 천박하게 보일 수도 있는 덕목인데, 그는 그렇지 않았습니다. 동시에 그는 엄격한 자기 수양을 게을리하지 않았습니다. 그의 학식은 광범위했고, 언제나 사려 깊게 생각했습니다. 그는 모든 면에서 가장 뛰어난 능력을 갖춘 사람이었습니다. 나는 그가 현명하고 고결한 인간의 이상에 가장 가까운 사람이라고 생각합니다. 흄에 대한 나의 생각은 그의 생전에도, 사후에도 변함이 없습니다.

친애하는 귀하께

애정을 담아, 애덤 스미스로부터

'현명하고 고결한 인간의 이상에 가장 가깝다'는 것은 매우 높은 수준의 위업이다. 많은 사람이 그 수준에 도달하려고 애쓰고 있지 않은가. 스미스 역시 그것이 사랑받는 올바른 길이고 사랑스러운 존재가 되는 최고의 길이라고 했다. 그러나 이와 동시에 많은 사람은 현명하고 고결한 사람이 되는 것 이상의 일도 해내고 싶어 한다. 사람들은 이 세상을 더 좋은 곳으로 만들고 싶어 한다.

**How Adam Smith
Can Change
Your Life**

불확실한
세상을
잘 살아가려면

세상을 더 좋은 곳으로 만드는
최고의 방법은 그저
최고의 남편,
최고의 엄마,
최고의 이웃이
되는 것일지도 모른다.

당신은 신중하다. 다시 말하면, 자신을 잘 다스리고 정직하고 품위 있게 행동하며 살아간다. 당신은 정의롭고 바르게 행동한다. 다른 사람들에게 피해를 주지 않기 위해서 최선을 다한다. 그리고 당신은 선행을 베푼다. 주위 사람들에게 친절하고 선하게 행동한다.

그야말로 미덕을 갖춘 이상적인 모습이다. 하지만 이 중 어느 것도 제대로 실천하기는 어렵다. 그럼에도 사람들은 이보다 더 큰 뜻을 이루고 싶어 한다. 단순히 착한 사람이 되려는 게 아니라 친구나 가족, 동료를 넘어선 범위까지 선행을 베풀려고 한다. 즉, 세상을 긍정적으로 바꾸고 싶어 한다.

왜 그럴까? 사랑받고 싶은 인간의 기본적인 욕구 때문이다. 개인의 범주를 넘어선 곳까지 긍정적인 영향을 줄 수 있다면, 더 많은 사람에게 존경과 존중을 받을 수 있기 때문이다. 그러나 단순히 이것 때문만은 아니다. 인간은 이 세상을 더 좋은 곳으로 만드는 데 일조하여 스스로 사랑스러운 존재가 되고자 한다. 당당하게 사랑받고 싶기 때문이다.

세상을 더 좋은 곳으로 만들려면 어떻게 해야 할까? 일전에 팟캐스트 청취자로부터 조언을 부탁하는 이메일을 한 통 받았다. 그는 자신이 열렬하게 '경제의 자유'를 추구하게 되었다고 했다. 경제라는 개념, 활동, 정책 등을 통해 사람들이 더 자유롭게 생각하고 행동하기를 바라기 때문이란다. 내 눈에는 아직 젊디젊은 그에게 꿈을 실현할 기회가 무궁무진해 보였다. '경제의 자유'를 증대시키는 데 일조하려면 어떻게 해야 할까? 경제학 박사 학위를 따야 할까? 아니면 저술가가 되어야 할까? 일단 사업을 시작해서 돈을 많이 번 다음, 경제의 자유를 증진시키는 기관에 기부해야 할까? 아니면 정치에 뛰어들어야 할까? 그가 할 수 있는 일을 굳이 얘기하자면, 정말 너무나 많았다.

그가 조언을 구할 사람으로 나를 생각했다니, 사뭇 부끄러웠다. 사실 그에게 줄 수 있는 가장 쉬운 답은 '정답은 없다'이다. 실제로도 그렇다. '경제의 자유'를 증대시킬 최고의 방법이란 정해져 있지 않다.

마찬가지로, 세상을 더 좋은 곳으로 만들 수 있는 최고의 방법도 정해져 있지 않다. 물론 각자가 선택한 행동으로 세상은 더 좋은 곳이 될 수도 있다. 그러나 세상이 얼마만큼 바뀌느냐는 전적으로 개인의 재능과 열정, 그리고 각자에게 부여된 기회에 달려 있다. 만일 회사를 차리고 키울 능력이나 비전이 없다면, 그만큼 세상은 덜 변할 것이다. 학위를 딸 정도의 능력이 없다면, 역시 그만큼 세상은 덜 변할 것이다.

아무리 내가 이타적이라 해도, 아무리 내 생애 유일한 목표가 세상을 좋은 곳으로 바꾸는 것이라고 해도, 내가 시간과 노력을 가장 효율적으로 활용한다는 보장은 없다. 더군다나 내가 선택한 방법이 실제로 이 세상을 더 좋게 만들지 어떻게 확신할 수 있을까. 그리고 무엇보다 반드시 명심해야 할 것은, 때로는 그 좋은 의도가 아주 위험한 결과로 이어질 수 있다는 사실이다. 자신의 행동이 세상을 도리어 어둡게 만들 수도 있다는 뜻이다.

어쩌면 세상을 더 좋은 곳으로 만드는 최고의 방법은 그저 최고의 남편, 최고의 엄마, 최고의 이웃이 되는 것일지도 모른다. 혹은 훌륭한 회사원이나 관리자, 사업가가 되는 것일지도 모른다. 가끔 사람들은 직업을 이기적인 부분으로 치부하는 경향이 있다. 직업을 단지 돈을 버는 수단으로만 보는 것이다. 반면, 자선단체에 기부하거나 자원봉사를 하거나 헌혈을 하는 등의 행동만이 이타적인 것이라고 오해한다. 하지만 자기 일을 잘 해내는 것 역시, 남에게 도움이 되고 더 좋은 세상을 만드는 데 충분히 기여한다. 사람들은 이 사실을 왜 까맣게 잊는 걸까.

훌륭한 선생님은 학생들의 인생을 바꾸어놓는다. 훌륭한 상사는 직원들을 성장시킨다. 훌륭한 식당 주인은 손님들에게 음식만 제공하는 것이 아니다. 손님들이 친구들과 대화를 나누며 우정과 추억을 공유할 소중한 기회까지 제공한다.

만일 한 상인이 재고 비용을 낮춰 물건 값을 내린다면, 소비자는 전보다 더 낮은 가격으로 원하는 물건을 살 수 있다. 그 결과 돈에 여유가 생긴 소비자는 휴가를 떠날 수 있고, 자녀에게 음악 수업을 받게 하거나 더 좋은 셔츠를 사줄 수 있다. 혹은 자동차 타이어를 미루지 않고 제때 교체할 수 있다. 결국 소비자는 일할 때도 행복하게 웃을 수 있을 것이다. 그리고 이런 웃음은 주변 사람들에게도 퍼져, 그들의 하루가 다같이 풍요로워질 것이다. 사소해 보이는 일들이지만, 이 일들이 끼치는 영향은 결코 사소하지 않다.

그러므로 직업이 세상에 기여한 큰 의미를 생각한다면, 일한 대가로 돈을 받는 건 그리 대단한 것이 아니다. 요리로 따지자면 메인 코스가 아니라 그 위에 얹어진 소스에 불과한 것이다. 그러나 돈을 받는다는 이유로, 오직 자기 이익에 충실하다는 이유로, 사람들은 자신들의 직업이 타인에게 긍정적인 영향을 끼친다는 사실을 잘 깨닫지 못한다.

반대로 자신의 일이 타인에게 도움이 된다는 사실을 아는 사람은, 그보다 더 큰 도움을 주고 싶어 한다. 직접적인 이익이나 대가, 보상을 바라지 않고 타인에게 도움을 주려는 것이다. 그런 이유로 사람들은 리틀 야구 리그의 코치를 자처하고, 무료 음식나눔 프로그램에서 봉사하고, 아이들에게 책을 읽어주고, 관심 있는 사회 운동에 기부금을 낸다. 그들은 시간과 노력을 들인 유일한 보상이 자기만족일 뿐이라 해도, 사회를 위해서라면 이타적인 일을 해야 한다고 느낀다.

세상의 질서는 어떻게 만들어지는가

『도덕감정론』에서 애덤 스미스는 세상을 더 좋은 곳으로 만들기 위해 모든 사람이 할 수 있는 일과 매일 할 수 있는 일을 가르쳐준다. 일상에 숨어 있는 그 일들은 쉽게 드러나지도 않고 극적이지도 않아서 이력서에 적거나 자랑할 수도 없다. 하지만 이런 작은 일들이야말로 주위 사람들과 관계를 맺는 탄탄한 기초를 이룬다. 그리고 나아가 우리 인생의 이면에서 보이지 않게 작용한다.

우선, 세상이 어떻게 작동하는지를 얘기한 스미스의 통찰력에 대해 더 깊이 살펴보자.

구글이 기업으로 설립된 해는 1998년이다. 하지만 "나중에 구글해볼게"나 "어젯밤에 구글해봤어"라는 표현이 보편화된 시점이 공식적으로 언제인지는 알 수 없다. 처음에는 영어권 국가에서만 인터넷에서 검색해본다는 의미로 사용되던 '구글하다'라는 말이, 어느덧 전 세계적으로 확산되었기 때문이다. 도대체 기업의 이름을 동사로 사용해도 된다고 결정한 사람은 누구일까?

반대로, 처음에는 엘리트들이 일하는 기업으로 유명했다가 곧이어 부패와 사기 행각으로 더 유명해진 엔론Enron(회계 부정으로 파산한 미국의 유명 에너지 기업 – 편집자 주)을 생각해보자. 엔론이 아무리 잘나가는 회사였어도 동사나 명사로 불린 적은 없었다. 물론 정직하지 못한 사람을 두고 내 맘대로 '이런 엔론 같으니라고!'라는 말할 수는 있지만, 이게 무슨 의미인지 제대로 이해할 사람은 많지 않을 것이다.

회사 이름을 명사나 동사로 사용하는 것에 대한 결정은 누가 내리는가? 그 결정은 우리가 내린다. 그 누구도 아닌 바로 우리 스스로 엔론은 명사가 아니지만 구글은 동사라고 결정한다. 실제 구글 경영진과 주주들은 이러한 우리의 결정에 반대 의사를 낼 수 있다. 그렇다 해도 그들이 우리의 결정을 막을 수는 없다.

여기서 잠깐, 내가 사용한 '결정'이라는 단어가 사전적 의미의 '결정'과는 의미가 사뭇 다르다는 것을 밝혀둔다. 인터넷을 사용하는 사람들이 모두 투표해서 '오늘부터 구글을 동사로 사용하자'라고 한 의미가 아니라는 소리다. 우리는 구글을 동사로 사용하겠다고 구글 임원진이나 주주들에게 공표하거나 설득한 적이 없다. 또한 신조어를 싫어하는 보수적인 사람들에게 한번 사용해보라고 권한 것도 아니다.

예전에 '복사하다'는 의미로 쓰인 제록스xerox(복사기로 유명한 미국의 문서관리 기업 – 편집자 주)를 언제부턴가 쓰지 않게 된 것 역시, 사전적인 의미의 결정의 과정을 거친 것이 아니다. 이 모든 결정들은 그냥 자연스럽게 진행됐다.

다른 나라 말들도 마찬가지겠지만, 영어는 시행착오와 구전이라는 불완전한 과정을 통해 진화한다. 그렇다면 훌륭한 영어인지 아닌지를 구분해주는 위원회를 두면 상황이 좋아질까? 인터넷과 각종 신조어에 익숙한 사람들이 과연 그들의 의견에 귀를 기울이고 그 기준에 따라 훌륭한 영어를 사용할까?

실제로 프랑스에는 40명의 회원으로 구성된 아카데미 프랑세즈라는 위원회에서 훌륭한 프랑스어들을 결정한다. 이름마저 무시무시한, 레지모르텔les immortels(불멸을 뜻함 - 옮긴이)이라 불리는 40명의 전문가들이라면 무엇이 훌륭한 불어이고 아닌지 정확하게 결정할 것만 같다. 하지만 실제로 그들은 그렇게 하지 못한다.

대부분의 프랑스 사람들은 토요일과 일요일을 그냥 '르 위켄드le weekend'(프랑스어 관사 le와 영어 단어 weekend의 합성어 - 편집자 주)라 부른다. 아카데미 프랑세즈에서 일하는 '불멸의 40명'은 당연히 물 건너온 미국말에 반대하고 있지만, 그러거나 말거나 프랑스인들은 주말을 뜻하는 공식적인 프랑스어 대신 '르 위켄드'를 훨씬 많이 사용한다.

다행히 영어를 다루는 위원회가 존재하지 않는다고 해서 영어가 마구잡이로 진화하는 것은 아니다. 유용한 단어와 유용한 문법은 대체로 계속 존재하고 덜 유용한 단어들은 자연스럽게 도외시되거나 무시된다. 또한 추한 단어들은 아름다운 단어들과의 경쟁에서 살아남기 위해 애를 쓴다. 무엇이 추한 단어인가? 'meatspace'는 우리가 살고 있는 세상을 뜻하는 단어로 'cyberspace', 즉 가상공간의 반대말이다. 그러나 'meatspace'라는 단어를 아는 사람을 나는 지금껏 한 명도 만난 적이 없다. 적어도 내가 아는 사람들 중에는 아무도 없다. 사람들이 외면하는 추한 단어라 그렇다. 나는 그 단어가 앞으로 얼마 못 가 사라질 거라 확신한다.

프랑스처럼 언어를 책임지는 사람이 없는 관계로, 또한 영어의 진화 과정이 상당히 유기적인 관계로, 영어라는 언어를 관리하는 일은 매우 어렵다. 그래서일까, 아이러니하게도 영어라는 언어는 아무도 책임지지 않는 동시에 영어 사용자 모두가 책임을 지고 있다. 이런 이유로 영어 사용자들이 훌륭한 영어를 결정할 때도 나름의 과정을 거친다. 다만 그 방법이 세심하게 관리되지 않고, 예측이 불가능하며, 이해하기 힘들 뿐이다. 하지만 체계적이고 완벽하지는 않더라도, 그 안에는 고유한 질서가 있다.

우리의 인생은 어떨까? 다행히 인생에는 가시적인 질서가 있고 예측이 가능한 요소들이 상당히 많다. 내 사무실 벽에는 1920년대 경제학자들이 미국의 30대 대통령인 캘빈 쿨리지Calvin Coolidge 대통령과 찍은 기념사진이 걸려 있다. 사진 속에는 백악관 앞에 서 있는 어두운 표정의 경제학자 수백 명이 있다. 지금 보면 이 사진은 두 가지 면에서 어색함이 느껴진다. 우선 여성이 별로 없고, 전부 모자를 쓰고 있다. 당시에는 모자를 쓰지 않고 미국 대통령을 만난다는 것은 상상할 수 없었다. 양복과 넥타이와 함께 모자는 상대에 대한 예의를 드러내는 꽤 중요한 요소였다.

1920년대나 그보다 훨씬 후에까지 월드시리즈 야구 경기를 보러 관람석을 찾은 관중 사진을 보면, 거의 모든 남자들이 양복에 넥타이를 매고 모자를 쓰고 있다. 야구 모자가 아닌 중절모다. 야구장을 찾은 그들의 복장은 교회나 오페라를 보러 갈 때, 혹은 백악관에 갈 때와 다름이 없다.

하지만 세월이 흘러 언제부턴가 모자와 넥타이를 착용하지 않고 대통령을 만나거나 월드시리즈 경기를 보러 가는 행동이 사회적으로 허용되기 시작했다. 마치 20세기 초에 '모자 필수'라는 메모가 발송됐다가, 20세기 후반에 '앞의 메모는 무시할 것'이라는 메모가 발송된 것처럼.

과연 누가 사람들의 복장 규정을 바꾼 걸까? 분명 그런 사람은 존재하지 않는다. 어떤 옷이 유행이고, 어떤 옷이 적절한 복장인지 알려주는 사람은 아무도 없다. 하지만 어쨌든 우리는 때와 장소에 어울리는 옷을 스스로 적절히 결정하며 산다.

이러한 변화가 유행을 선도하는 사람들, 즉 영향력 있는 유명인들 때문에 일어난다고 생각하는 사람들도 있다. 재미있는 일화를 하나 소개하자면, 미국 남자들이 밖에서 모자를 안 쓰게 된 계기가 존 F. 케네디 대통령 때문이라는 말이 있다. 그가 취임식에 모자를 쓰지 않으면서 미국 남자들이 안도의 한숨을 내쉬고 모자를 벗기 시작했다는 주장이다. 물론 그가 이전 대통령들보다 격식을 덜 차렸던 것은 맞지만 이는 사실이 아니다. 실제로 케네디 대통령은 취임식에서 격식 있어 보이는 실크 모자를 썼기 때문이다. 유명인들이 일반인들의 행동이나 옷차림에 영향을 미치긴 해도, 단 한 사람이 모든 사람에게 영향을 미친다고 보기는 어렵다.

인생의 많은 부분들은 질서 정연하다. 그러나 어느 누구의 통제도 받지 않는다. 애덤 스미스와 동시대인인 애덤 퍼거슨 Adam Ferguson(사회의 본질과 기원을 연구했던 스코틀랜드의 철학자이자 사회학자 - 편집자 주)이 말한 인간의 행동 역시 그러하다. 그 어떤 사람도 자신의 행동 결과를 미리 계획하거나 일부러 의도한 적이 없다.

스미스와 함께 흄, 퍼거슨은 이러한 사회 현상에 깊은 관심을 갖고 있었다. 그러나 스미스는 사회의 모든 현상이 인간의 복잡한 상호관계에 의해 자연스럽게 생겨난 결과물이라고 생각했다. 때문에 그는 이런 현상을 한 가지 원리로 일반화시키려고 하지 않았다. 그 유명한 '보이지 않는 손'에 대한 글을 쓴 장본인, 애덤 스미스가 말이다.

이런 사실이 내게는 사실 매우 유감스러웠다. '보이지 않는 손'을 통해, 복잡한 거미줄 같이 얽힌 사회적 관계를 설명할 수 있으리라 믿었기 때문이다. 그로 인해, 인간의 무수한 상호작용들이 무언가를 만들어내는 메커니즘 역시 훌륭하게 설명될 거라 믿었다. 그러나 아쉽게도 '보이지 않는 손'은 타인에게 도움이 되는 자기중심적인 행동을 설명하고자 스미스가 만들어낸 말이었다.

하이에크는 경기 순환과 경제 침체 원인을 주제로 존 메이너드 케인스John Maynard Keynes(시장에 정부의 개입이 필요하다고 주장한 영국의 경제학자 – 편집자 주)와 격렬한 지적 논쟁을 벌인 것으로 널리 알려져 있다. 그러나 하이에크가 복잡한 인간의 상호관계에서 생기는 질서를 주제로 글을 썼다는 사실은 크게 알려져 있지 않다.

하이에크는 '자생적 질서'라는 표현을 자주 썼는데, 여기서 '자생적'이라는 말은 미리 계획하지 않았다는 것을 뜻한다. 이 말은 '자발적으로'의 의미도 함께 내포하고 있다. 이런 이유로 나는 '창발적 질서'라는 표현이 더 어울린다고 생각한다.

이렇게 창발적인 질서에 해당하는 것들이 결정될 때, 앞서 말했듯 그 과정은 일반적인 결정의 과정과는 사뭇 다르다. 그것은 사람들이 계획한 것이 아니라 그저 자연스럽게 굳어져 결정된 것이다. 이런 창발적 질서를 만들어가는 과정에서 개인들은 각자 작게나마 어떤 역할을 한다. 영어의 예를 다시 들어보겠다.

한 사람이 영어를 사용하는 방식은 창발적 질서를 이루는 데 그다지 중요하지 않기 때문에, 어떤 단어가 살아남고 사라지는지 결정되는 과정과 크게 관련이 없다. 즉, 한 사람의 영향력은 거의 제로에 가깝다. 하지만 영어를 사용하는 사람들이 수백만, 수천만 명이 모이게 되면, 창발적 질서를 이루는 데 지대한 영향을 끼치게 된다.

자유 시장 경제를 옹호했던 미국의 경제학자 밀턴 프리드먼Milton Friedman 역시 수요와 공급 문제를 다루면서, 무시해도 될 정도의 미미함들이 모이면 결코 무시할 수 없는 상태가 된다고 말했다. 영향력이 거의 제로에 가까운 작은 것들이 합쳐지면 무언가 중요한 결과를 몰고 오는 기이한 모순을 표현한 것이다.

따라서 사과에 대한 한 사람의 수요는 사과 가격에 아무런 영향을 미치지 못하는 반면, 개인이 모여 형성되는 전체의 수

요는 사과 가격을 결정하는 중요한 요인이 된다. 우리 모두의 상호관계가 사과 가격을 결정하게 되는 것이다.

의도하지 않았지만 질서 정연한 결과로 이어지는 개인들의 행동, 그 개인 행동들의 복잡한 상호관계를 밝혀내려는 것, 그것이 경제학이 세상에 가장 크게 기여한 부분이다. 재미있는 사실은, 스미스가 이 현상을 가장 설득력 있게 설명한 내용이 경제학책으로 알려진 『국부론』이 아니라, 철학책으로 알려진 『도덕감정론』에 담겨 있다는 점이다. 그는 이런 현상에 대해 돈의 흐름이 아니라 도덕의 확산을 예로 들어 설명했다.

『도덕감정론』에서 스미스는 개인의 선택이 어떻게 중요한 사회적 결과로 이어질 수 있는지 설명했다. 그는 사과 가격보다 훨씬 더 중요한 도덕적 사회를 만드는 데 기여하는 각자의 역할을 밝혀냈다. 더 대담하게 말하자면, 스미스는 각각의 사람들이 이 세상을 만들어가는 데 어떤 역할을 했는지 알려주었다. 수많은 결함과 시행착오에도 불구하고 발전을 거듭하고 있는 이 세상, 이 세상을 만드는 데 있어 우리가 각자 중요한 역할을 한다는 것이 스미스의 주장이다.

나는 아내에게 얼마나 다정하게 대해야 할까? 아이들과는 얼마나 많은 시간을 보내야 할까? 또 얼마나 성실하게 일해야 할까? 친구는 이용하면 안 되는 것일까? 그럼 모르는 사람은 이용해도 될까? 사람들은 사회적 통념이 허용하는 행동이 무엇인지 대체로 잘 알고 있다. 무엇이 상식적인 행동인지 다 안다는 뜻이다. 이를 보면 사회적 상호관계에 대한 원칙들이 존재하는 듯하다.

그렇다면 이러한 원칙들은 어디에서 비롯되는가? 어떤 행동이 적절한지 결정하는 사람은 누구인가? 애덤 스미스는 이에 대해 짧고 명쾌한 답을 내놓았다. 그 누구도 아닌 바로 우리 스스로 결정한다는 것이 그의 대답이다.

우리는 신조어를 결정할 때와 똑같은 방법으로 도덕의 기초를 결정한다. 신뢰, 공감, 존경, 무시, 거부, 친절, 잔인함 등 관계의 기초가 되는 모든 규범들도 마찬가지다. 인간의 삶과 관련된 이 모든 것들은, 개별적 행동이 모여 하나의 창발적 질서를 이루는 과정을 거친다.

세상을 더 좋게 만들려고 일부러 계획하고 행동하는 사람은 극소수다. 그러나 우리들의 평소 행동 속에는 세상을 더 좋게 만들려는 의도가 이미 담겨 있다. 스미스 역시 이런 의도는 자연스럽게 생기는 것이라고 주장했다.

이런 일이 어떻게 가능할까? 이에 대해 의문을 가졌던 스미스는 특별히 사랑스러움을 결정짓는 특징들, 즉 진실하고 고결한 사람의 특징들에 주의를 기울였다. 그리고 이러한 특징들이 어떻게 생기는지 고민했다.

'어떤 것이 고결하고 고상하며 친절한지 결정하는 사람은 대체 누구인가?'

이 질문에 대해 스미스가 고민 끝에 내린 대답은 간단했다. 그의 답은 '우리가 결정한다'였다.

우리는 사랑받고 싶어 하고 사랑스러운 존재가 되기를 원한다. 사람들이 내가 하는 일에 동의해줄 때 기뻐하고 반대로 동의하지 않는다면 실망한다. 이렇듯 사람들로부터 동의와 명예를 얻고 비난과 불명예를 피하려는 인간의 욕구는, 우리 안에 단단히 박혀 있는 본성이다. 이런 본성을 바탕으로 우리는 어떤 행동이 고결하고 고상하며 친절한지 스스로 자연스럽게 결정을 내린다.

또 하나의 '보이지 않는 손'

훌륭한 행동은 타인의 인정에 의해 자극 받고, 나쁜 행동은 타인의 반대에 의해 좌절된다. 이러한 인간 본성은 사람들 사이의 피드백 고리에서 비롯된다.

이 피드백 고리는 두 가지를 통해 만들어진다. 첫째는 실제 우리 행동을 지켜보는 주변 사람들을 통해서이고, 둘째는 우리 본모습을 일깨워주는 '가슴속 인간'을 통해서다. '가슴속 인간'은 공정한 관찰자에게 우리 내면을 소개하는 안내자로, 공정한 관찰자를 보조하는 역할쯤 된다. 자신이 사랑스럽다는 자부심으로 훌륭한 행동을 자극하고, 못되게 행동할 때 느끼는 수치심으로 나쁜 행동을 막아주는 것, 이것이 우리 내면에서 '가슴속 인간'이 하는 일이다.

> 전지전능한 조물주는 인간에게 형제들의 감정과 판단을 존중하도록 가르쳤다. 그리고 형제들이 자신의 행동을 인정해주면 기쁨을 느끼고, 자신의 행동에 반대하면 마음에 상처를 받도록 가르쳤다. 이렇게 말해도 될지 모르겠지만, 조물주는 인간에게 인류의 심판관이라는 역할을 부여했다. 형제들은 조물주가 부여한 인간의 권한과 심판권을 인정한다. 따라서 자신들의 행동에 대해 질책받을 때는 수치심과 굴욕을 느끼고, 반대로 칭찬을 받으면 의기양양해진다.

타인이 자신의 행동을 인정해주면 기쁨을 느끼고, 타인이 자신의 행동에 반대하면 마음의 상처를 받는다. 이 마음 시스템은 얼마나 잘 작동할까? 불완전할 때가 많지만, 가끔은 경찰 조직보다 훨씬 더 훌륭하게 작동하기도 한다.

이웃이 집을 비우고 멀리 여행 간 사실을 알았음에도 왜 그들의 물건을 훔치지 않았는지 스스로에게 물어보자. 나보다 어리고 약한 사람이 길을 방해하거나 나를 짜증나게 만들어도 그를 때리지 않는 이유는 무엇인가? 그런 행동이 불법이어서? 아니면 비도덕적이어서? 만약 살인을 금지하는 법이 폐지되면 세상은 얼마나 달라질까? 인간은 모두 내면에 폭력에 대한 잠재력을 지닌 동물이다. 하지만 그 무서운 잠재력을 잠재우는 것은 무엇인가? 우리의 법률 체계인가? 더 좋은 세상을 만들고자 하는 인간의 욕구와 양심인가? 아무런 이유도 없이, 혹은 단순히 그러고 싶다는 이유로 다른 사람을 해친다면, 심판을 내릴 사람은 판사나 경찰인가? 아니면 주변 사람들인가?

개구쟁이 내 아이들은 어른인 나보다 훨씬 약한 존재다. 네 명의 아이들은 종종 나를 귀찮게 하고, 하고 싶은 일도 못 하게 한다. 그런 아이들과 나는 같이 살고 있다. 나는 내 아이들을 어떻게 대해야 할까? 예전에 부모님은 내가 말을 안 들으면 엉덩이를 철썩 때리셨고, 버릇없는 행동을 하면 머리에 꿀밤을 주기도 하셨다. 나 역시 아이들이 말을 안 들으면 그렇게 해야겠다고 생각했다. 실제로도 엉덩이를 때리거나 꿀밤을 주고 싶은 때가 정말 많았다. 하지만 그럴 때마다 아내는 내게 그러지 말라고 설득했고 나는 그 말을 받아들여 지금까지 아이들을 한 번도 때리지 않았다. 지금껏 스스로 매우 자랑스럽고 기쁘게 생각하는 부분이다.

내 친구들도 마찬가지다. 요즘 부모들은 예전처럼 매를 자주 들지 않는다. 아이들을 때리지 말자는 대대적인 육아 혁명이 일어난 적도 없는데 우리는 그렇게 한다. 세월이 흘러 그저 조용하고 자연스럽게 변화한 것이다.

물론 아이들을 때리는 게 좋은 생각인지 아닌지는 확실히 모른다. 어쩌면 혹자는 아이들을 때리지 않는 게 오히려 나쁜 육아법이라고 생각할 수도 있다. 사회적으로 용인된다고 해서 모두 좋은 생각이라고 할 수는 없다. 반대로 동료들이 눈살을 찌푸린다고 해서 모두 나쁜 생각이라고 할 수도 없다. 그러나 대부분의 사람들이 인정하는 사회적 통념에는 그럴 만한 충분한 이유가 있다.

공손함, 친절함, 사려 깊음, 동정, 명예, 진정성의 미덕들은 사람들이 축하하고 박수갈채를 보내는 것들이다. 그러나 이것들은 설명하기 힘들고, 모호하고, 쉽게 규정할 수도 없다. 분명한 것은, 여러 가지 미덕이 우리 인생을 편안하고 풍요롭게 만들어준다는 사실이다. 이러한 미덕이 존재하기에, 우리가 사는 세상은 꽤 살기 좋은 곳이 되었다. 이렇게 선행의 범주에 속하는 미덕은 강요하거나 처벌하도록 법으로 정할 수가 없다. 오직 인간의 상호교류만이 이 미덕들을 가장 잘 북돋우고 혹은 좌절시킬 수 있을 뿐이다.

물론 우리에겐 도둑질이나 살인 같은 극악의 범죄들을 금지하는 법체계가 있다. 그러나 이보다 더 강력한 힘, 우리에겐 양심이라는 것이 존재한다. 양심은 대부분의 사람들이 정도를 밟게 만든다.

잔인하고 이기적인 행동은, 교도소행이나 벌금형을 무릅쓰는 것이 아니라 친구나 가족, 동료와 지인들의 비난을 무릅쓰는 짓이다. 그리고 결국엔 사랑스러운 사람이 되려는 스스로의 욕구에 반하는, 공정한 관찰자의 비난까지 무릅쓰는 짓이다.

스미스는 그렇기 때문에 양심에 기반을 둔 선택이 중요하다고 얘기했다. 우리는 친구들이 종교, 인종을 놀림감 삼아 던지는 무례한 농담에 웃을지 말지 선택할 수 있다. 또한 아무 의미도 없는 소문을 퍼트릴지 말지 선택할 수 있다. 친구를 선택하고 친구가 되고 싶지 않은 사람도 선택한다.

매 순간 자신의 말과 행동에 대한 선택을 대충 한다면, 사랑스러움으로부터 한 걸음씩 멀어지게 된다. 그리고 그럴 때마다 좋은 세상을 만드는 길에서도 한 걸음 멀어지게 된다. 나 혼자 그런다면 괜찮다고? 각자가 그렇게 생각한다면 이 세상은 어떻게 되겠는가.

이런 나쁜 생각이 자꾸 들 때 떠올려야 하는 사람이 있다. 독일의 철학자인 이마누엘 칸트Immanuel Kant다. 칸트는 스미스와 같은 시대를 살았다. 개인의 도덕에 대한 칸트의 원칙은 정언 명령(행위 자체가 선이므로 이유를 막론하고 행해야 하는 원칙 – 편집자 주)으로 설명된다. 정언 명령에 따르면, 우리가 어떻게 행동할지 결정을 내릴 때나 도덕적 딜레마에 직면했을 때, '나뿐 아니라 모든 사람들이 이렇게 행동하면 어떤 일이 벌어질까?'라고 확대해 생각해야 한다.

경제학자들은 투표가 비합리적인 행위라고 지적하길 좋아한다. 내가 던지는 한 표는 양측의 투표 결과가 박빙일 때만 의미가 있다는 것이다. 이를 제외한 모든 경우, 내 한 표는 결과에 아무런 영향을 미치지 못한다는 것이 그들의 주장이다. 이에 대해 칸트는 아마도 이런 반론을 펼쳤을 것이다.

'모두가 그런 생각으로 투표를 하지 않는다면, 세상은 어떻게 되겠는가?'

갑론을박을 좋아하는 경제학자들이 가만히 있을 리 없다.

그들은 칸트의 반론을 아마도 이렇게 되받아쳤을 것이다.

'걱정할 필요 없다. 당신이 투표하지 않는다고 해서 다른 사람들도 투표를 안 하는 건 아니다. 그냥 당신의 표가 중요하지 않을 뿐이다.'

이 반박도 틀린 말은 아니다. 그러나 그렇다고 투표 여부를 경제학자들처럼 쉽게 생각하고 결정해서는 안 된다. 투표는 진정한 민주주의를 위한 정언 명령이기 때문이다.

순전히 경제학적으로 얘기하자면, 그러니까 투표라는 행위를 비용편익분석으로만 보자면, 나의 한 표가 선거 결과에 별 도움이 안 되는 것은 맞다. 그러나 민주주의에 대한 의미 있는 개인의 행동을 지지하는 한, 칸트의 정언 명령은 투표하지 않는 것이 비도덕적이라고 강조한다.

몇몇 내 친구들 역시 칸트의 정언 명령에 동의하지 않을 것이다. 친구들은 미국의 양당 체제가 많이 부패했다고 생각한다. 그래서 투표란 쇼에 불과하다고 주장한다. 이 쇼를 통해 사람들이 현 양당 체제를 좋아하는 것처럼 속인다는 것이다. 그 얘기도 틀린 말은 아니다.

그러나 자신의 표가 무의미하다는 이유로 투표하지 않겠다는 주장은 전혀 도덕적이지 않다. 동시에 절대 도덕적이어서도 안 된다. 아무리 사소한 행동이라도 타인의 행동에 영향을 끼치게 된다. 그러므로 스스로의 행동을 조심하면서 항상 바르게 살아야 한다. 나는 그런 세상에서 살고 싶다. 그리고 스미스도 그런 세상에서 살고 싶어 했다.

인간이 가진 가장 위대한 장점

인간의 한 가지 중요한 특징이자 위대한 장점은 신뢰다. 자신의 믿음이 악용될 거란 두려움이 없다면, 다시 말해 타인을 전적으로 믿게 된다면, 모두의 인생은 더 아름다워질 것이다. 이뿐만 아니라 돈과 관련된 경제생활도 훨씬 편해질 것이다. 신뢰는 어떻게 만들어질까? 신뢰 역시 무수히 많고 자잘한 사람 관계들이 모여 만들어진다.

지난여름에 아내와 나는 결혼기념일을 맞아 해안가 오두막집에서 하룻밤을 지내기로 했다. 그런데 문제가 하나 생겼다. 집주인이 숙박료를 직접 받으러 올 시간이 없었던 것이다. 돈을 받아야 집주인이 우리를 위해 집을 비워줄 텐데 말이다. 그런데 집주인은 걱정하지 말라고 했다.

"그날 제가 하루 종일 외출할 예정이라서요. 문을 잠그지 않고 열어둘 테니 부엌 식탁 위에 숙박료를 올려놓고 가세요.

현금으로 내실 건가요? 그럼 청소부가 돈을 가져오면 되고
요."

　동의는 했지만 내심 불안했다. 집주인의 말에는 여러 가지
의 믿음이 내포되어 있었다. 일단 집주인은 내가 숙박료를 낼
것으로 믿었다. 하지만 우리 부부가 그냥 가버릴 수도 있고,
청소부가 현금을 가져간 뒤 식탁 위에 돈이 없었다고 주장할
수도 있다. 반대로 내가 돈을 두지 않은 채 청소부가 돈을 가
져갔다고 말할 수도 있다. 또는 문을 안 잠그면 도둑이 들어
와서 그 돈을 가져갈 수도 있다.

　어쨌거나 우리 부부는 그 집 문이 열려 있고 깨끗할 거라고
믿으며 그곳에 도착했다. 실제로 모든 게 훌륭하고 아름다웠
다. 다음 날, 나는 부엌 식탁 위에 놓인 컵 아래에 20달러짜리
지폐들을 겹쳐 놓았다. 그리고 휴대폰으로 사진을 찍어두었
다. 왜 그랬는지 이유는 모르겠다. 사실 그럴 만한 이유는 없
었다. 그 사진이 전혀 증거가 될 수 없었으니까. 결과적으로
집주인은 무사히 돈을 받았고 나와 아내는 태평양이 내다보
이는 삼나무 오두막집에서 멋진 시간을 보냈다.

　서로에 대한 신뢰가 없었다면, 아내와 나는 멋지게 보낼 수
있는 시간을 놓치거나 망쳤을 것이다. 또한 그 집주인 역시
수백 달러를 잃어버렸을 것이다. 신뢰는 이처럼 좋은 것이다.

해안가 오두막에서 내가 경험했던 신뢰가 없다면 세상은 어떻게 될까? 러시아에서 콘퍼런스를 개최하려고 한 친구의 얘기다. 콘퍼런스가 열리기 일주일 전에 그는 콘퍼런스가 열릴 모스크바의 호텔 주인으로부터 전화를 받았다. 호텔 주인은 처음 약속한 객실 중 절반만 내줄 수 있다고 말을 바꿨다. 다른 곳에서 더 좋은 제의를 받았기 때문이라면서. 그가 계약을 거론하며 항의하자 호텔 주인은 소송이 불가능하리라고 생각하고 고소할 테면 해보라고 우겼다.

이는 소련이 무너진 지 얼마 안 돼 일어났던 일이다. 당시 러시아인들은 경제적 자유나 사업가 정신 같은 것을 경험해 보지 못한 상태였다. 그 호텔 주인은 훌륭한 사업가인가, 형편없는 사업가인가? 설령 호텔 주인이 그런 식으로 돈은 더 많이 벌었을지라도, 스미스의 기준으로 보면 그는 절대 사랑스러운 사람이 아니다.

신뢰에 더 많이 의존하고 법에 덜 의존할수록, 사회를 움직이는 시스템은 더 잘 작동되는 법이다. '1분마다 바보가 태어나므로, 빨리 바보를 찾아 이용해 먹어라'라는 메모가 모두에게 전달된 것 같은 저급한 문화가 있다. 반면 '품위 있는 사람이 되어라. 돈을 버는 것은 괜찮다. 하지만 약속을 지키고 곤경에 처한 사람들을 이용하지 마라'라는 메모가 퍼진 것 같은 고급스러운 문화도 있다.

그런 고급스러운 문화에서는 사람들이 단기적인 이익을 포기하더라도 약속을 지키고 책무와 계약을 이행한다. 또한 타인을 부당하게 이용하려는 욕구도 잘 이겨낸다. 그런 문화가 자리 잡힌 사회는 기막히게 살기 좋은 곳이다. 그러나 신뢰를 형성하는 일은 쉽지 않다. 그리고 안타깝지만 사랑스러움의 문화를 만드는 것도 결코 쉽지 않다.

앞의 호텔 주인이 사랑스러운 사람이었다면 아마도 더 좋은 거래자가 나와도 이전 계약을 지켰을지 모른다. 그러나 금융 위기 직전 월스트리트의 일부 자산관리자들은 전혀 사랑스럽지 않았다. 그들은 투자자들을 속인 자신의 거짓말이 무슨 대단한 능력이나 되는 양 서로 자랑하기 바빴다. 담보 대출 은행들도 마찬가지였다. 그들은 돈을 갚을 능력이 없는 사람에게도 마구잡이로 대출을 해주고 그것이 실적인 듯 의기양양해했다.

월스트리트에서는 한때 인간의 사랑스러움이 성공의 장애가 된 적도 있다. 왜 그랬을까? 그들은 사람들을 속여 돈을 벌고 싶은 유혹이 얼마나 거센지 잘 알고 있다. 왜 그들은 그 유혹에 저항하는 능력이 약해졌을까? 그런 저급한 문화는 왜 나타났을까? 이에 대해 두 가지 답이 떠오른다.

우선, 사랑스럽지 않을 때 얻는 보상이 전보다 훨씬 커졌다. 물론 착한 사람이 되는 건 좋은 일이다. 그러나 착한 사람이 돼봤자 손해만 보고 나쁜 사람이 되었을 때 훨씬 부유해질 수 있다면, 누구라도 그 유혹을 뿌리치기 힘들어진다. 주택저당증권(주택을 담보로 장기 채권을 남발한 파생상품으로 미국의 금융 위기를 초래한 주범이라 일컬어진다 - 편집자 주)이 생기면서, 월스트리트에서는 착한 사람이 되기가 더욱 어려워졌다. 부정행위로 얻는 이익이 늘어나면서 사람들은 더욱더 정직함과 거리가 멀어졌다.

　금융 위기 즈음, 당시 월스트리트의 대형 금융기관들은 정부의 규제 완화로 돈을 마구잡이로 빌렸고, 이렇게 빌린 돈으로 위험한 투자를 일삼았다. 어느 순간, 그들은 빌린 돈을 갚지 못하기 시작했는데, 이 돈이 복잡한 금융상품과 얽혀 투자와 무관한 일반 시민들에게 피해를 끼쳤다. 그런데 그들이 이렇게 무책임한 행동을 저질렀는데도 그들의 손해는 과거보다 훨씬 적었다.

　먼 옛날 일이지만 본래 월스트리트의 금융기업들은 자산을 투자하는 공동경영 사업체였다. 그러나 언제부터인가 금융기업들이 남의 돈으로 투자를 하기 시작하면서 그 문화는 사라진 듯하다. 남의 돈에 대한 책임감과 신뢰를 버린 채 눈앞의 이익에만 급급했던 당시 월스트리트에서, 사랑스러움이란 눈을 씻고 찾아봐도 존재하지 않았다. 이처럼 신뢰의 문화는 매우 소중하지만 안타깝게도 깨지기 쉽다. 또 한번 깨지면 다시 제자리로 돌려놓기 어렵다.

예전에 중고 사진 장비를 파느라 뉴욕에서 유명한 카메라 판매점에 간 적이 있다. 내가 먼저 전화로 새 제품과 똑같이 카메라, 렌즈 몇 개, 끈, 사용설명서 등을 포장했다고 말하자, 판매원은 중고 판매가 중 최고가를 제시했다. 실제 매장을 찾아갔을 때도 판매원은 전화로 제시한 가격을 그대로 지켰다. 판매원은 카메라가 괜찮은 상태임을 확인하고 내게 돈을 주려고 했다.

사실 상자 안에는 렌즈가 들어 있는 작은 상자들이 더 있었다. 그런데도 그는 굳이 다 열어서 확인하려 하지 않았다. 나를 믿은 것이다. 좀 의아한 상황이었다. 약삭빠른 거래가 판을 치는 뉴욕에서 어떻게 이런 식으로 일을 처리하는지 궁금해졌다.

"렌즈가 들어 있는지 확인하지 않을 겁니까?"

"네, 손님을 믿습니다."

"왜죠?"

나는 다시 물었고 그는 미소를 띤 채 이렇게 대답했다.

"렌즈를 빼돌리셨다면, 오늘 밤 편히 못 주무실 테니까요."

어쨌든 그의 생각은 옳았다. 이렇게 타인에 대한 믿음을 입증하느라 많은 시간과 돈, 에너지를 들일 필요가 없어진다면, 세상은 정말 훨씬 더 살기 편할 것이다. 선행은 그 자체가 보상이라는 말이 있다. 그러나 스미스는 그 이상이라고 말했다. 신뢰와 정직이라는 품위 있는 문화를 유지하고 널리 확대하는 데 혁혁한 도움을 주기 때문이다. 누군가 '구글한다'라고 말할 때마다 그 단어의 독특한 쓰임새는 알게 모르게 확산된다. 마찬가지로 누군가에게 착한 일을 하고 이를 계속하려고 노력할 때마다, 우리 역시 선행이라는 씨앗을 널리 퍼뜨리고 있는 셈이다. 이처럼 착한 행동은 단순히 자기 자신과 주위 사람들뿐 아니라 더 많은 사람이 연쇄적으로 착해지도록 만드는 선순환 구조를 만든다.

때때로 정언 명령을 잊어버리고 타인에게 피해를 주는 행동에 탐닉하고 싶을 수도 있다. 그러한 행동은 스스로를 합리화하기 쉽다는 나쁜 특징이 있다. '나 하나쯤 그런다고 해서 큰 문제가 될까' 같은 생각 말이다.

레스토랑에서 웨이터가 실수로 실제보다 적은 금액을 청구할 경우, 가만히 있는다고 해서 크게 문제될 게 있을까? 물론 문제될 게 없다. 그러나 그런 식으로 계속 살면, 자신의 격을 떨어뜨리고 사랑스러운 문화를 막는 파렴치한 사람들과 똑같아질 것이다.

우리가 빠지기 쉬운 또 다른 유혹이 있다. 세상에 대해 비관적인 태도를 갖는 것이다. 세상은 어차피 형편없는 곳이니, 한 번 친절하게 행동한다고 해서 달라질 것은 없다고 치부해버리는 것이다.

될 대로 되라고 말하며 포기하고, 그냥 하고 싶은 대로 하면서 다른 사람들은 죄다 잊어버리는 게 더 편하게 느껴질 수도 있다. 때때로 인터넷을 하다보면 생각 없는 트롤troll(인터넷 토론방에서 남들의 화를 부추기기 위해 메시지를 보내는 사람 - 옮긴이)을 만나곤 한다. 나는 그럴 때마다, 특히 그 트롤이 나를 공격하고 있을 경우, 똑같이 거칠고 시니컬하게 답해주고 싶은 마음이 굴뚝같아진다. 까짓것 익명인데 신나게 욕하지 못할 이유도 없지 않은가. 그러나 나쁜 행동을 하면, 그 영향은 결국 자신에게 돌아간다. 트롤이 되면 영혼이 좀먹는 것처럼 말이다. 그러나 스미스는 더 나아가, 한 사람이 사랑스러움에서 한 걸음 멀어지면, 다른 사람들도 점점 사랑스러움에서 한 걸음 멀어진다고 설명했다. 그런 식으로 모두가 조금씩 멀어진다면, 결국엔 이 사회에는 사랑스러운 사람이 한 명도 없게 된다.

세상을 더 좋은 곳으로 만드는 방법에는 여러 가지가 있다. 사람들은 노벨평화상을 받을 정도로 훌륭한 어떤 단체를 만드는 방법을 떠올리곤 한다. 아니면 공직에 출마하는 방법을 생각하기도 한다. 하지만 스미스는 우리의 작은 걸음도 매우 중요하다는 사실을 일깨워준다. 천박하지 않은 행동들이 다른 사람들의 조용한 행동과 결합하면 신뢰와 친절, 존중의 문화를 형성하면서 조용하지만 위대한 변화를 일으킨다.

조지 엘리엇George Eliot의 소설 『미들마치Middlemarch』(19세기 영국 미들마치 지방 사람들의 사회상과 풍속을 방대하게 그린 대작 - 편집자 주)의 주인공 도로테아는 권력이나 유명세의 한복판이 아니라 조용한 일상을 살아가는 평범한 여성이지만, 매일매일 올바르게 살면서 점차 이 세상을 바꿀 수 있다고 믿는 이상주의자다. 엘리엇은 이 책을 통해 유명한 사람들만 변화를 일으키는 것은 아니라고 강조하고 있다.

'키루스 왕이 물줄기를 차단한 거대한 강과 달리 세상에 이름을 남기지 못한 작은 물길, 그 물길 위에서 그녀의 생명력은 모두 소진됐다. 그러나 그녀가 주위 사람들에게 미친 영향은 가늠할 수 없을 정도로 널리 퍼져 있었다. 세상에 널리 퍼지는 선이란, 역사적으로 중요하지 않은 착한 행동들이 모여 만들어낸 것이기 때문이다. 예전부터 그랬던 것처럼, 당신과 내가 살고 있는 지금의 상황이 썩 괜찮은 이유는 소리 없이 살다 간 수많은 사람들 덕분이다. 그들은 희미하지만 충실한 삶을 살았고, 지금은 아무도 찾지 않는 무덤에서 편히 쉬고 있다.'

세상을 더 좋은 곳으로 만들고 싶다면, 신뢰할 수 있는 사람이 되도록 노력하고 신뢰할 수 있는 사람을 존경하자. 좋은 친구가 되어주고 주위에 훌륭한 친구들을 두자. 남의 험담을 퍼뜨리지 말고 남의 감정을 해칠 수 있는 교묘한 농담은 단호하게 거부하자. 친구가 다른 사람을 놀림감으로 삼아 농담을 던지면 웃지 않으려고 노력하자. 그리고 훌륭한 모범을 보이자. 그러면 분명 사랑받을 뿐 아니라 세상에도 긍정적인 영향을 미칠 수 있을 것이다.

나는 세상을 바꾸는 데 대한 탈무드의 사고방식을 좋아한다.

'그 일을 끝내는 것은 당신에게 달려 있는 게 아니다. 그렇다고 해서 그 일을 그만두어서는 안 된다.'

당신 혼자서는 아주 작은 변화만 일으킬 수 있지만, 그것도 당신이 세상에 기여하는 것이고 당신에게 가치 있는 일이다. 그리고 다른 사람들과 함께하면, 세상에 큰 변화를 일으킬 수 있다.

How Adam Smith
Can Change
Your Life

살기 좋은
사회가
만들어지는
과정

세상은 복잡한 곳이다.

시스템을 바꾸기 위해 억지로 애쓰지 말자.

내가 손잡이를 힘껏 돌린다고 해서

세상의 모든 문이 다 열리는 건 아니다.

스미스는 우리가 주위 사람들의 행동에 동의하거나 반대하는 의견을 기초로 이 사회가 만들어진다고 생각했다. 앞에서 말했듯, 사람들의 동의와 반대는 선한 행동을 자극하고 나쁜 행동을 저지하는 피드백 고리를 만든다. 이렇게 사람들의 작은 행동은 주위 사람들에게 영향을 미치고, 그 영향의 잔물결은 끊임없이 밖으로 퍼져 나간다.

썰물 때 해안가로 밀려온 불가사리를 발견한 소녀가 다시 바다로 불가사리를 던졌다. 하지만 불가사리 수천 마리가 해안가로 다시 밀려오는 것을 보고, 지나가던 사람이 소녀에게 이렇게 말했다. "네가 불가사리 하나를 바다로 던져서 뭘 바꿀 수 있겠니?"

그러나 소녀는 또 다른 불가사리를 바다로 던지면서 대답했다.

"적어도 저 불가사리한테는 변화가 생겼잖아요."

우리의 선한 행동도 마찬가지다. 그 행동으로 인해 작지만 분명 어떤 변화가 일어난다. 이 작은 변화는 나와 연결된 사람들과의 피드백 고리를 통해 점점 널리 퍼지면서 그 힘을 키운다. 그래서 결국 사회와 세상을 바꾸어놓게 된다. 아쉽지만 이런 과정은 아주 불완전하다. 어떤 행동에 대한 보상과 처벌은 심리적인 부분에서 이뤄질 뿐이고, 그 행동에 대한 피드백을 사람들에게 항상 받는 것도 아니다. 게다가 우리는 때때로 스스로를 속여서 자신이 사랑스럽지 않은데도 사랑스럽다고 착각한다.

인간은 정말로 결점이 많다. 우리는 자기 자신을 잘 모를뿐더러 끊임없이 실수를 저지른다. 우리가 고의로 하는 많은 행동들 중엔 나쁜 것들 투성이다. 우리는 잔인하고, 약자를 이용하고, 무지한 사람을 속여 이익을 얻는다. 하지만 다행히 그와 동시에 그 모든 것을 어떻게 하면 고칠 수 있는지도 잘 알고 있다. 방법은 매우 쉽다. 그저 나쁜 행동을 저지하고 착한 행동을 장려하기만 하면 된다.

모두가 기억해야 할 '체스판의 오류'

애덤 스미스는 자유 시장 경제를 대체적으로 지지했지만 무정부주의자나 무조건적인 자유주의자는 아니었다. 그는 시장이 움직이는 데 정부가 중요한 역할을 한다고 생각했다. 또한 『국부론』에서 '교환하려는 인간의 타고난 성향'이라 표현한 바 있는 인간의 본성이 발현되는 데도 정부의 역할이 중요하다고 생각했다.

스미스는 자유를 소중하게 여기고, 작은 정부를 선호한 고전적 자유주의자였다. 국방이나 법제도, 도로나 교량 같은 사회 기반 시설을 제공하는 것이 정부의 가장 중요한 역할이라고 생각했다. 아울러 몇 가지에 대해서만큼은 정부의 개입을 격렬하게 반대했다. 그중 하나가 산업 정책이라 불리는 정부의 활동이다. 특정 산업을 선발하여 정부가 보조금을 제공하거나 지원하는 정책들을 스미스는 완강히 반대했다. 정부라면 무조건 사람들을 도울 거라는 생각은 위험하다고 경고했다. 그러다 보면 지도자가 착각에 빠지기 쉬워지고, 그렇게 착각에 빠진 지도자는 사회에 도움이 되는 방향으로 인재나 자본을 이끌어갈 수 없다는 주장이었다.

『도덕감정론』에서도 밝혔지만 스미스가 가장 경멸한 사람은 '시스템에 갇힌 사람'이었다. 시스템에 갇힌 사람이란, 특정 설계나 비전에 따라 사회를 다시 세우려 하는 지도자를 뜻한다. 그런 사람들은 이상적인 사회를 그리기 위한 비전에 너무 빠져든 나머지, 그것이 이상적 상태에서 벗어날 수도 있다는 생각을 못 한다. 자신이 만든 비전에 파묻힌 그들은, 그로 인해 자칫 피해를 입게 될 사람들이나 계획의 실행 과정에서 피해를 입는 사람들 역시 보지 못한다.

시스템에 갇힌 몽상가는 그 일에 몰두해버린 채, 계획을 제대로 실행하지 못하고 사회를 혼란스럽게 만들며 의도치 않은 결과를 만들어낸다. 게다가 그 계획에 불리하게 작용할 수 있는 힘이 도처에 도사리고 있다는 사실도 잊어버린다.

스미스에 따르면, 시스템에 갇힌 사람은 체스판의 말을 움직이듯 사람들도 쉽게 움직일 수 있다고 착각한다. 그러면서 정작 본인은 체스의 규칙을 무시해버리곤 한다. 시스템에 갇힌 사람은 게임의 규칙 안에서 자연스럽게 움직이는 말의 이동을 무시하고, 자기 멋대로 여기저기에 말을 갖다 놓는다.

시스템에 갇힌 사람은 이 거대한 사회의 구성원들을 자기 멋대로 쉽게 움직일 수 있다고 생각한다. 마치 체스판의 말들을 손으로 배열하는 것처럼 말이다. 체스판의 말들은 오직 사람의 손에 의해서만 움직인다. 그러나 인간 사회라는 거대한 체스판에서는 모든 말 하나하나가 자율성을 갖고 있다. 즉, 입법 기관이라는 외부적 힘에 의해 움직이지 않는다는 뜻이다. 자율성과 외부적 힘, 그 두 가지가 서로 일치하고 같은 방향으로 작용한다면, 인간 사회라는 게임은 편안하고 조화롭게 진행될 것이다. 게임의 결과 또한 행복하고 성공적일 것이다. 그러나 만약 그 두 가지가 서로 반대되거나 다르다면, 인간 사회라는 게임은 순조롭지 않을 것이다. 그렇게 되면 인간 사회는 최악의 무질서 상태에 처할 것이다.

시스템에 갇힌 사람은, 인간 역시 개조할 수 있다고 주장하며 사회를 임의로 개조하려고 했다. 폴 포트Pol Pot(자신의 의견에 반대했던 사람들을 대거 숙청했던 캄보디아의 정치가 - 편집자 주)처럼 상명하복식의 강제를 통해 자신이 상상한 꿈의 체제를 수립하려 했다. 그들이 지배했던 사회에서는 지도자가 계획한 완벽한 비전에 반대하거나 반대한다고 알려지면 무참히 살해됐다. 이렇게 목숨을 잃은 사람들이 수백만 명에 달한다.

이런 이유로 스미스는 정치인들과 그들을 지지하는 사람들에게 근본적인 경고를 던진다. 복잡한 이 세상에서 사람들의 행동을 법률로 제한하려는 사람이라면, 인간 모두가 태생적으로 각자 특정한 욕구와 꿈을 가지고 있음을 절대 잊지 말아야 한다는 것이다.

인간은 각자 자신이 좋아하는 일을 하고 싶어 한다. 그런 성향은 아주 어릴 때부터 시작된다. 어린아이들을 잘 관찰해보자. 아이들은 모든 게 자기 뜻대로 되길 원하고 그러지 않을 때는 울음을 터뜨린다. 이러한 인간의 타고난 욕구에 맞지 않는 법을 만드는 행위, 즉 임의로 체스판의 말을 움직이며 법을 만드는 행위는 결코 성공할 수 없다. 그리고 결국 이 사회를 최악의 무질서 상태로 만들 것이다.

세계 곳곳에서 등장하는 실패한 정책의 사례들은 모두 스미스가 경고한 체스판의 오류에 해당한다. 미국이 이라크에서 맛본 정치적 실패는, 체스판 말들이 인정하지 않은 비전을 억지로 강요할 때 부딪치는 문제들을 잘 보여준다.

미국 정부가 시도한 마약과의 전쟁을 생각해보자. 결국 모든 면에서 실패하고 만 정책이다. 마약과의 전쟁이라는 체스판에는 너무나도 많은 말들이 각자 움직이려 했다. 너무도 많은 사람들이 마약을 복용하고 싶어 하고, 마약으로 이득을 챙기려 했다. 마약도 일종의 상품이기에, 『국부론』의 표현대로 '교환하려는 인간의 타고난 성향'에 따라 움직인다. 마약을 원하는 사람들, 그리고 이들의 욕구를 충족시키려는 사람들 간에 이루어지는 거래는 사실상 막기가 불가능하다. 그 거래를 막으려고 풍선 한쪽을 누르면 다른 쪽이 더 크게 부풀어오를 뿐이다.

미국의 마약 정책은 실패만 한 것이 아니다. 마약과 관련된 모든 곳에 최악의 무질서 상태를 야기했다. 체포와 기소 위험을 기꺼이 무릅쓴 판매자들은 어마어마한 이익을 얻었다. 이렇게 마약 판매자들끼리 고수익을 얻으려고 피 튀기는 경쟁을 하느라 엄청난 폭력이 발생했고, 그로 인해 사망 사건이 수도 없이 발생했다. 마약 거래상들만 죽은 게 아니었다. 총격이 난무하면서 무고한 사람들까지 희생되고 말았다.

마약을 둘러싼 폭력 사태는 멕시코와 콜롬비아의 마약 전쟁으로 확대되었을 뿐 아니라, 미국 정부와 멕시코, 콜롬비아 정부까지 개입하면서 상황을 더욱 복잡하게 만들었다. 세 나라가 나서서 천문학적인 비용을 들여 온갖 노력을 기울였음에도, 그 원초적인 욕구는 지금도 어디에선가 계속 충족되고 있다. 단적으로 말해, 마약을 원하는 사람들은 지금도 여전히 쉽게 마약을 구할 수 있다.

미국 정부가 체스판 위에서 맹렬하게 움직이는 말들을 억지로 통제하려고 했기 때문에, 이 말들은 더욱 거칠게 움직

였고, 중간에 쓰러지거나 아예 체스판 밖으로 튕겨져 나갔다. 그렇게 엉망이 된 체스판은 복구하기 정말 어렵다.

세상을 바꾸는 데는 인간의 행동을 제어하는 방법 외에도 다른 방법들이 많다. 그러나 사람들은 이를 잘 기억하지 못한다. 애덤 스미스는 사회라는 거대한 체스판에 영향을 미치려면, 강제적인 방법 말고 다른 방법을 이용하는 것이 가끔은 더 효과적이라고 했다.

태생적인 치유의 힘이란

미국에서는 흡연을 법적으로 아예 금지하려고 많은 사람이 애써왔지만 아직까지 성공하지 못했다. 그럼에도 불구하고 미국의 1인당 담배 소비량은 20세기 후반 들어 50퍼센트나 감소했다. 일부 비판가들은 법으로 흡연을 금지함으로써 1인당 담배 소비량을 제로로 만들 수 있었다고, 또 그랬어야만 했다고 주장한다. 하지만 그런 생각 역시 체스판의 메커니즘, 즉 체스판 위 말들의 자연스러운 움직임을 무시한 착각에 불과하다.

담배 소비량의 감소는 무엇보다 사람들이 자발적으로 일으킨 문화적인 현상에서 그 효과가 나타나기 시작했다. 흡연을 법으로 막지 않으니, 오히려 흡연을 줄일 만한 다른 방법들이 등장하기 시작한 것이다.

담배는 더 이상 멋있거나 진보적인 행동을 상징하지 않았다. 담배가 건강에 악영향을 끼치는 의학적 증거가 축적되고 사람들이 그 증거에 반응을 보임에 따라, 어느 순간부터 흡연을 위험한 습관이라고 생각하는 문화적 규범이 탄생한 것이다.

그러한 규범이 생길 즈음, 흡연을 불법화했다면 효과가 더 좋았을까? 어쩌면 그럴지도 모른다. 하지만 스미스의 주장처럼 세상은 복잡한 곳이다. 문화적 규범은 예측이 불가능하고 복잡한 방법으로 법 혹은 정책과 상호작용을 하기 때문이다. 그러니 세상을 더 좋은 곳으로 만드는 최고의 방법은, 때로는 간섭하지 않고 그냥 놔두는 것일 수도 있다.

육아에서도 비슷한 교훈을 얻을 수 있다. 부모는 애써 아이의 행동에 간섭하지 않으려고 한다. 하지만 결국 아이 주위를 맴돌면서 자신의 생각대로 아이를 몰고 간다. 그것이 아이에게 도움이 될 것이라고 착각하면서.

많은 부모가 본인은 살면서 저지르는 수많은 실수를 통해 교훈을 얻을지언정, 내 아이만큼은 어떤 실수도 저지르지 않게 하려고 애를 쓴다. 혹은 자신이 원했지만 가지 못한 길을 아이가 선택하도록 몰아붙이기도 한다.

우리의 마음속에는 두 가지 모순되는 욕구가 있다. 알다시피 모든 사람은 간섭받지 않고 원하는 일을 하고 싶어 한다. 그것이 첫 번째 욕구다. 그런데 우리는 다른 사람들에게 무언가를 시키는 것도 좋아한다. 이것이 첫 번째와 부딪히는 두 번째 욕구다.

부모들이 두 번째 욕구에 따라 아이들에게 자신의 뜻을 강요하다 보면, 첫 번째 욕구를 망각하기 일쑤다. 그래서 악기를 배우고 싶은 사람은 정작 본인인데도, 아이에게 억지로 피아노 레슨을 받게 한다. 아이가 피아노 치는 것을 좋아하면 다행이지만, 피아노만 봐도 몸서리를 친다면 이보다 더한 비극이 또 있을까.

이솝 우화에 나온 태양과 바람의 대결을 기억하는가? 태양과 바람은 누가 더 센지 입씨름을 벌이며 남자가 코트를 벗도록 만드는 쪽이 승자라고 결정하기로 한다. 이에 바람은 계속해서 세차게 바람을 일으켰지만, 남자는 자기 코트를 점점 더 단단히 여미기만 한다. 결국 바람은 의도했던 바와 정반대의 결과를 초래했다. 결론적으로, 무언가를 행하도록 조종하려고 하기보다는 그냥 놔두는 게 결과적으로 더 나을 수 있다.

내 아이 혹은 다른 사람들을 다그쳐서 바람직하다고 믿는 일을 시키는 것은 의도했던 것보다 훨씬 나쁜 결과를 가져올 수 있다. 국가와 사회라는 체스판의 인간 말들은 여기저기 떠밀려 다니는 것을 절대 좋아하지 않는다. 아이들에게 흡연의 나쁜 점에 대해 잔소리를 늘어놓으면, 아이들은 단지 부모의 뜻을 거역하는 스릴을 맛보기 위해 일부러 담배를 피울 수도 있다.

세상은 복잡한 곳이다. 시스템을 바꾸기 위해 억지로 애쓰지 말자. 내가 손잡이를 힘껏 돌린다고 해서 세상의 모든 문이 다 열리는 건 아니다.

무엇이든 자기 원칙에 따를 권리

스미스는 체스판 말들의 독립성, 그리고 예측할 수 없는 방향으로 움직이려는 체스판 말들의 욕구에 대해 얘기했다. 그리고 법이나 정책이 항상 의도한 결과를 내는 것이 아니라는 사실도 덧붙였다. 세상 모든 법이 언제나 잘 지켜지는 것은 아니고, 법이 통과되었다고 해서 그 법이 처리하려던 문제가 바로 해결되는 것도 아니니 말이다. 오히려 법이 문제를 악화시키는 경우도 있다.

일찌감치 이를 알아차린 스미스는 시스템에 갇힌 사람들에게 통렬한 경고를 던졌다. 그는 지도자나 정치인들 역시 일반 사람들만큼이나 자기기만에 빠지기 쉽다고 경계했다. 선출된 직책에 충실했던 그들이 결국은 자신들이 내건 비전이 완벽하다는 망상에 사로잡히기 쉽다는 말과 함께.

> 지도자들도 처음에는 긍정적인 세력을 확장할 의도밖에 없었을 것이다. 그러나 시간이 지남에 따라 이들 중 대다수가 자기 궤변에 속아 넘어가게 된다. 또한 자신들이 내건 장대한 개혁에 대한 환상에 사로잡혀 이를 열렬히 갈망하게 된다. 그들을 추종하는 나약하고 어리석은 자들이 그랬던 것처럼.

스미스는 세상을 더 좋은 곳으로 만들고 싶어 하는 일반인들에게도 경고를 던졌다. 그에 따르면, 몽상가는 위험한 인물이 될 가능성이 크다. 세상은 우리가 생각한 것보다 더 복잡하다. 일상생활에서 행하는 사소한 일들이 오히려 우리가 열렬히 지지하는 정치 운동보다 때로는 더 큰 영향을 미치기도 한다.

만화가인 랜들 먼로Randall Munroe가 운영하는 'XKCD'라는 웹툰사이트에서 이런 만화를 본 적이 있다. 컴퓨터 앞에 앉은 어떤 남자와, 웹툰 프레임 밖의 또 다른 남자가 대화를 나눈다.

"안 잘 거야?"

"잘 수가 없어. 중요한 일이거든."

"무슨 일인데?"

"누군가 인터넷에서 안 좋은 짓을 하고 있어."

집착에 가까운 사명감으로 일상을 저버린 사람을 풍자하는 내용이 담긴 웹툰이다. 바르고 충실하게 사는 하루를 무시하는 사람이 과연 위대한 일을 할 수 있을까? 글쎄, 나는 그렇게 생각하지 않는다.

중요한 일이란 모름지기 군중 속에서 탄생된다고 생각할 수도 있다. 훌륭한 정책을 지지하고 정치를 활용하여 세상을 더 좋은 곳으로 만든다고 생각할 수도 있다. 인터넷에서 잘못을 저지르는 모든 사람들과 언쟁을 벌이는 블로그나 트위터, 페이스북이 정말로 중요하다고 생각할 수도 있다.

하지만 스미스는 우리에게 정치는 일상생활과 다르다고 일깨워준다. 법을 만들거나 정책을 세우는 정부도 좋든 나쁘든 우리 인생에 영향을 미치지만, 우리에겐 그 외에도 매일매일 할 일이 많다.

세상을 더 좋은 곳으로 만들고 싶은가? 그럼 자세를 낮춰 아이와 대화해보자. 이메일을 확인하지 말고 배우자와 기분 좋게 데이트를 즐기자. 애덤 스미스, 혹은 작가 제인 오스틴Jane Austen이나 P.G. 우드하우스P.G. Wodehouse의 책을 더 많이 읽자. 대신 『데일리 코스Daily Kos』(극렬한 논쟁으로 유명한 정치 사이트 - 편집자 주)나 『드러지 리포트Drudge Report』(자극적인 보도로 유명한 인터넷 뉴스 사이트 - 편집자 주)는 조금 덜 읽자. 모르는 사람에게도 따뜻한 미소를 지어보자. 그리고 부모님께 효도하자. 왜냐하면 우리는 부모님께서 우리에게 베풀어준 것을 결코 다 보답할 수 없기 때문이다.

이 중 그 어느 것도 GDP에는 반영되지 않는다. 공과금을 내는 데 도움이 되는 것도 아니다. 수첩에 '해야 할 일' 목록으로 써두고 하나씩 지워갈 때의 만족감도 덜 하다. 이런 행동을 하지 않는다고 해도, 인생에서 큰 이변이 일어나지 않는다. 그러나 나는 이런 행동들이 진실로 훌륭한 인생을 만드는 중요한 재료라고 생각한다.

우리는 체스판의 말들을 마음대로 옮길 수 있다고 착각한다. 또한 나 자신에게 무엇이 가장 좋은지 스스로 잘 안다고 착각한다. 설사 자신과 타인에게 무엇이 가장 좋은지 잘 알고 있어도, 가끔은 그냥 내버려두라고 스미스는 조언한다. 그것이 때로 가장 좋은 선택일 수 있다고 덧붙이면서.

우리의 노력이란 실패의 가능성을 항상 품고 있다. 또 때로는 남에게 피해를 줄 수도 있다. 그러니 국가와 사회라는 무대에서 멀리 떨어져 나올 필요도 있다. 국가와 사회라는 체스판보다 더 작지만 더 훌륭한 일상을, 그 소소한 목표를 생각하는 것이 가장 좋을 수도 있다.

**How Adam Smith
Can Change
Your Life**

10
장

현재의
우리를 위한
애덤 스미스의
따뜻한 조언

당신에게 가장 중요한 때는 지금 이 시간이며,

당신에게 가장 중요한 일은 지금 하고 있는 일이며,

당신에게 가장 중요한 사람은 지금 만나고 있는 사람이다.

-레프 톨스토이-

활활 타오르던 난로의 불은 거의 꺼져서 불씨만 남은 상태다. 몇 번을 다시 채웠던 내 스카치 잔도 지금은 비어 있다. 몇 시쯤 되었을까? 그와 꽤 오랜 시간 대화를 나눈 것 같다.

그러는 동안 나는 이 벽돌집의 주인을 전보다는 조금 더 잘 알게 되었다. 고전적인 감수성과 태도를 갖춘 그는 참으로 멋진 사람이다. 그의 말투는 듣기만 해도 유쾌하다. 물론 그에게는 이보다 더 많은 장점이 있다. 그는 문제의 근원에 대해 오랫동안 신중히 생각한 후 입을 열었다. 그리곤 해야 할 말을 요점만 확실하게 전했다. 나는 그와 나눈 대화들을 쉽게 잊지 못할 것 같다.

위대한 그에게 물어볼 게 하나 더 있지만, 그의 안색이 꽤 피곤해 보인다. 사실 나도 좀 피곤하다. 이제 그가 혼자만의 시간을 보낼 수 있도록 해야겠다. 시간이 너무 늦었다. 나는 의자 옆에 있는 조그만 탁자 위에 술잔을 내려놓으며 말했다.

"교수님, 시간을 내주셔서 정말 고맙습니다."

마지막 질문이 뭐였냐고? 애덤 스미스의 팬들과 일부 비판가들이 궁금해했던 바로 그 질문이다.

"자본주의의 위대한 여정에 큰 도움을 준 당신이 어떻게 『도덕감정론』 같은 책을 쓸 수 있었습니까?"

이기심의 힘을 제대로 알고 있었고 자유방임주의의 지적 토대를 마련했으며 부와 물질주의, 생활과 경제를 다룬 『국부론』의 저자가 어떻게 『도덕감정론』 같은 책을 쓸 수 있었을까?

『국부론』에는 이타주의나 친절, 동정심, 평정심, 사랑스러움을 다룬 내용은 거의 없다. 그는 『국부론』을 쓰기 전에 『도덕감정론』을 썼고, 『국부론』이 출간된 뒤에 『도덕감정론』을 여러 번 고쳐 썼다. 그가 『국부론』을 쓰고 있을 때부터, 이미 그의 머릿속에는 『도덕감정론』에 대한 생각이 희미하게 떠오르지 않았을까?

『도덕감정론』에는 돈벌이 위주의 삶을 변호하는 내용이 거의 없다. 스미스는 그것 자체가 목적인 물질적인 야심을 매우 경멸했다. 그럼에도 불구하고 스미스는『도덕감정론』에서 이런 야심이 타인에게 큰 이익을 가져다줄 수 있다는 것을 인정한다. 즉, 사람들이 야심 때문에 더 열심히 노력하고, 혁신하고, 향상시키고, 모으고, 생산하려 한다는 것이다. 스미스는 사람들의 이런 야심 덕분에 도시를 만들고 과학과 예술의 위대한 진리를 발견한 것은 물론, 인간의 삶을 화려하게 꾸밀 수 있다고 생각했다.

스미스에 따르면, 자기 땅에서 나온 수확물을 살펴보던 대지주는 자신이 그 수확물을 전부 소비할 수 있다고 생각했다. 스미스의 표현에 따르면 '대지주의 눈이 배보다 더 컸던' 것이다. 따라서 대지주는 재산을 늘리고 땅을 경작하는 것이 자신의 엄청난 식욕을 충족시키기 위한 일이라고 생각했다. 물론 실제 그의 식욕은 그보다 훨씬 적었지만.

결국 대지주는 농사를 짓고, 큰 집을 관리하고, 마차를 몰고, 정원을 돌볼 사람들을 고용하여 수확물을 그들과 나누었다. 그 결과로 수십 명의 사람들이 지주와 같이 꽤 풍족한 삶을 살 수 있었다. 이렇듯 야심을 가진 큰 부자들이 실제로 무엇을 이뤘는지에 대해 스미스는 다음과 같이 정리했다.

보이지 않는 손에 이끌린 지주들이 주민들에게 땅을 똑같이 나눠준 것처럼, 생필품도 똑같이 분배한다. 이런 식으로 지주들은 무의식중에, 부지불식중에 사회의 이익을 증진시키고 인류가 살아갈 수단을 제공해준다.

하늘의 섭리는 소수의 위풍당당한 지배자들에게 땅을 나눠줄 때, 땅을 받지 못한 사람들을 잊은 것도, 내버린 것도 아니다. 그 사람들은 땅을 받지 못한 대신, 땅에서 나오는 수확물을 받는다. 인생의 진정한 행복을 구성하는 요인을 생각했을 때, 그들의 행복은 지배자들의 행복에 비해 결코 뒤지지 않는다. 이렇듯 모든 사람들이 육체적으로 안락하고 정신적으로 평화로운 삶의 수준을 거의 동일하게 누린다. 큰길가에서 햇볕을 쬐고 있는 거지조차도 안정을 맘껏 누린다. 이 거지들이 누리는 안정은 왕들이 전투를 해서라도 얻으려는 안정과 다를 바 없다.

스미스는 『도덕감정론』에서 '보이지 않는 손'이라는 표현을 위의 글에서 딱 한 번 사용했다. 그는 『국부론』에서도 '보이지 않는 손'을 단 한 번 언급한다. 두 책 모두, 보이지 않는 손에 의한 분배가 다른 사람들에게도 이익을 안겨줄 수 있다고 설명한다.

물론 스미스가 쓴 거창한 표현들은 지금 읽으면 조금 의아스럽다. 21세기의 관점에서 보면, 길가에서 햇볕을 쬐고 있는 거지의 삶이 부자와 비슷하다는 스미스의 견해는 좀처럼 받아들이기 어려우니 말이다.

그 얘기는 일단 한쪽으로 밀어놓자. 내가 말하고 싶은 것은, 『도덕감정론』에서 물질적 번영과 상업적 토대를 만든 인간의 욕구에 대해 스미스가 지나치게 겸손하게 표현했다는 점이다. 그는 우리 내면에 있는 욕구가 인간을 동굴에서 끌고 나와 문명의 햇빛을 보여주었다고 말한다. 분명 칭찬이기는 한데, '문명의 햇빛'이라니…… 너무 점잖게 에둘러서 말한 것 같다. 더 적극적으로 칭찬해도 됐을 텐데.

그는 무슨 생각을 하고 있었을까? 어떻게 그토록 달라 보이는 두 권의 책을 쓰게 되었을까? 이에 대한 답을 생각하다 보면, 스미스에 대한 중요한 사실을 알게 된다. 아니, 스미스뿐 아니라 우리 자신에 대해서도 중요한 사실을 알게 된다. 스미스가 두 권의 저서에서 취했던 각 관점은 현재를 살아가는 방법에 대해 우리에게 무언가 유용한 것을 가르쳐주고 있다.

『도덕감정론』과 『국부론』의 차이

아인슈타인이 상대성원리를 발견하기 전에, 로댕이 〈칼레의 시민〉을 조각하기 전에, 그리고 에펠탑과 크라이슬러 빌딩이 세워지기 전에, 트로이의 브루투스가 런던을 세우기 전에, 인간이 씨앗을 심고 수확물을 거둬들이기 전에, 인간 내면에 깊숙이 자리 잡은 야심이 이 모든 변화를 일으키기 전에…….

우리 인간은 작은 무리를 지어 사는 사냥꾼이자 채집자였다. 그리고 죽지 않고 살아남는 것이 생애 가장 큰 목적이었다. 실제로 원시 시대에서 살아남기란 쉽지 않았다. 인간의 생명은 연약했고, 이를 위협하는 것들은 도처에 널려 있었으니까.

원시 시대에는 가까운 주변 사람들과의 관계가 생사를 가름하는 요인이었다. 작살을 지켜줄 보험 회사도 없고, 저녁거리로 쓸 동물을 쫓다가 다리를 다치면 장애인 연금을 지급해줄 정부도 없다.

사람들은 서로에게 크게 의지할 수밖에 없었다. 때문에 사람들 간의 신뢰가 무엇보다 중요했다. 만약 해야 할 일을 하지 않거나 남의 일을 거들지 않으면 처음에는 망신당하고 벌을 받았다. 그러나 그런 행동이 계속되면 결국 무리에서 추방

되고 말았다. 서로 나누지 않고 돕지 않으면 살아남을 수 없었고, 그렇게 사람들은 부득이하게 자기가 가진 것을 서로 나누게 됐다.

또한 원시 사회 내 집단들은 규모가 아주 작았다. 당시 사람들은 똑같은 사람을 거의 한평생 매일매일 만났다. 그렇게 익숙하고 반복적인 교류 덕에 잔인하거나 이기적으로 행동하는 사람들을 처벌하기가 쉬웠다.

이런 원시 사회는 장 자크 루소Jean-Jacques Rousseau(인위적인 사회가 아니라 본성이 살아 있는 자연으로의 회귀를 주장한 프랑스의 철학자 - 편집자 주)가 생각한 천국 같은 곳이 아니었다. 어떤 무리나 사회든 부족한 틈이 생기기 마련이라 가족이든 가까이 사는 집단이든, 자원을 늘리기 위한 방편으로 어느 순간부터 거래라는 것이 시작됐다. 그리고 그러한 거래는 교류의 범위를 조금씩 더 확장시켰다. 하지만 그렇다고 그 범위가 아주 넓어지지는 않았다.

당시 사람들은 가장 가까이에 있는 사람을 믿고 멀리 있는 사람들을 경계할 수밖에 없었다. 자칫 한 번의 실수만으로 바로 죽을 수 있는 환경이었으니 그럴 만도 하다. 따라서 자신의 소유물은 가까운 사람들 곁에 비축해두고, 모르는 사람들이 가져가지 못하게 확실하게 지켰다. 이렇듯 당시에는 가까운 사람들과의 관계가 가장 중요했다. 그 외에 달리 중요한 것은 거의 없었다.

반면, 현대 사회에서의 생활은 매우 다르다. 애덤 스미스가 『국부론』에서 지적했듯이, 분업을 용이하게 하는 각자의 전문성을 통해 인류는 단순한 생존 문제를 넘어 번영을 이루어 왔다.

현대의 기준으로 보면, 소규모 집단은 아무리 재능과 기술이 뛰어나더라도 장기간 큰 이익을 보기 힘들다. 예를 하나 들어보겠다. 아주 큰 무인도에 고립됐다고 생각해보자. 다행히 그 섬에는 광물과 천연자원이 풍부하다. 그리고 잘 길들여진 양떼와 소떼도 있다. 토양이 비옥하고 기후는 온화하고 쾌적하며 강과 개울에는 물고기도 많고 풍광도 아름답다.

더 좋은 소식이 있다. 그 무인도에 99명을 데려갈 수 있는데, 이들을 직접 선택할 수 있다. 낚시를 잘하는 사람, 집을 잘 짓는 사람, 전기, 금속 공학 등의 전문 기술이 뛰어난 사람 등 선택지도 넓다. 그들의 특화된 전문 기술은 무인도 생활에 도움을 줄 것이다.

그리고 제조업과 농업을 상세히 다룬 책과 노트도 가져갈 수 있다. 놀라울 정도로 똑똑하고 기술도 뛰어난 100명의 사람들이 그 섬에서 번영을 이루어내려면 얼마나 많은 시간이 걸릴까? 10년? 100년? 상상만으로는 당장이라도 번영을 이룰 것만 같다. 그러나 현실적으로 인구가 늘어나 시장이 형성되고, 생산적으로 일할 수 있도록 기술과 지식이 체계화되어야 그 섬은 번영할 수 있다.

왜 인구 규모가 그토록 중요할까?

혼자서 일하면, 1년에 연필 20자루를 만들 수 있다. 하지만 사람들과 협력하여 생산 과정을 개선한다면, 20명이 1년 동안 수천 자루의 연필을 만들 수 있다. 더 나아가 발전된 기술을 갖추기만 한다면, 수십만 자루까지도 생산할 수 있다.

이는 생산 과정의 한 부분을 전문화한 덕분에 가능해진 결과다. 이렇듯 전문화된 일은 믿을 수 없을 정도로 생산성을 크게 높여준다. 개인은 생산 과정에서 자신이 잘하는 부분만 도맡으면 된다. 그럴수록 그 일에 대한 기술이 늘어 그 일을 점점 더 잘하게 된다.

따라서 나는 연필을 직접 만드는 대신, 다른 일을 해서 번 돈으로 연필을 산다. 우리가 누리는 거의 모든 것들은 이렇게 남에게 의존하면서 생겨난다. 이러한 발전은 전 세계 수십억에 이르는 사람들 간의 무역과 전문화 덕분에 가능하다. 폭넓은 무역과 전문화 없이 주변에 있는 가족과 친구에게만 의존한다면, 인간은 최저 생활 수준에서 벗어나지 못했을 것이다.

오늘날 세계 극빈층에 속하는 사람들을 생각해보자. 그들의 생활 패턴은 원시 사회와 별로 다를 것이 없다. 그들은 작은 촌락 안에서 경제적으로 자신과 가까운 사람들하고만 연결되어 있다.

난방, 전기, 교통, 의료, 통신 등 소위 문명이라는 것이 존재하려면, 만날 수도 없고 알지도 못하는 수백만 명의 사람들과 매일 관계를 맺어야 한다. 현대의 경제 활동은 옛날 옛적 조상들의 경제 활동과는 매우 다르다. 따라서 현대에는 모르는 사람들끼리 서로 거래할 수 있게 하는 일정한 사회 규범과 법적 제도가 필요하다.

작가인 레너드 리드Leonard Read가 지적했듯이, 연필처럼 아주 간단한 제품이라도 수백만 명의 비조직적인 협력이 있어야만 만들 수 있다. 그리고 물건을 거래하려는 본성, 즉 '교환하려는 인간의 타고난 성향'에서 비롯된 협력의 힘으로 시장이 만들어진다. 그러나 시장에 대한 개념을 교과서적으로 해석한다는 것은 매우 뻔하고 기계적이다. 그래서인지 스미스는 이 개념을 유기적인 과정으로 이해했다.

스미스는 『도덕감정론』에서 사람들이 멀리 있는 사람들보다는 자기 주위에 있는 사람들에게 더 많은 관심을 기울인다고 주장한다. 그 때문에 우리는 지구 반대편의 수백만 명이 지진으로 목숨을 잃어도 편히 잠을 잘 수 있다. 하지만 마을 건너편에서 일어난 지진은 다른 문제다. 자신과 가까운 친척의 목숨을 앗아간 지진 역시 다른 문제다.

『도덕감정론』은 자신에게 가장 가까운 사람들, 즉 가족이나 친구, 가까운 이웃처럼 우리가 적극적으로 공감할 수 있는 사람들과의 관계를 다룬 책이다. 한마디로 가까운 관계 속에서 다른 사람들이 우리를 어떻게 생각하는지, 우리가 그들과 어떻게 관계를 맺는지를 다루고 있다.

이 책은 생판 모르는 사람들을 이해하기 위한 책이 아니다. 매일 볼 만큼 자주 만나는 사람들에 관한 책이다. 가까운 주위 사람들과의 관계가 우리의 감정과 행동을 어떻게 만들어 가는지 알려주는 책이다.

반면, 『국부론』에서 스미스는 모르는 사람들과의 교환이 이루어지는 세상에서 인간이 어떻게 행동하는지 설명하고 있다. 스미스와 같은 시대에 살았던 사람들은 동네 푸줏간 주인은 알아도 그 소를 키운 농부는 알지 못했다. 그 소를 도살장까지 데려간 마부도 알지 못했고, 그 소를 도살한 칼을 만든 대장장이도 알지 못했다.

이렇듯 식탁에 소고기나 양고기가 올라오기까지, 그 과정에 관여한 사람들 대부분이 나와 큰 관련이 없었다. 그들은 애초에 아는 사이도 아니었을뿐더러 실제로 알려고 해도 알 수도 없었다. 오늘날은 어떨까? 하나의 상품을 만든 수많은 사람 중 내가 아는 사람, 알 수 있는 사람은 거의 없다. 이렇게 전문화된 생산성은 스미스마저 놀라게 할 정도로 폭발적으로 거대해졌다.

전 세계적으로 무역이 이루어지는 현대경제를 생각해볼까? 교환의 맨 마지막 단계만을 제외하고는 서로 얼굴 볼 일이 전혀 없다. 모르는 사람들과의 교환이 더 자주, 더 많이 이루어지고 있는 것이다. 동네 마트에서 물건을 살 때 유일하게 내가 마주하는 사람은 계산대 직원뿐이다. 그나마도 인터넷으로 살 때는 판매원 얼굴조차 보지 못한다. 농산물 직판장이나 수공예품 전시회를 제외하고는, 내가 구매하는 물건을 만든 사람들을 전혀 만나지 못한다.

나와 물건을 교환하는, 즉 거래하는 사람들을 만날 수 없다면, 그들에 대해 신경을 쓰기가 어렵다. 자동차를 만든 사람이나 자동차 판매원을 걱정하는 마음에 웃돈을 주고 자동차를 사는 사람은 아무도 없을 것이다.

내가 관심을 갖고 있는 사람이나 직접 만날 수 있는 사람하고만 거래를 하면, 거래는 매우 한정적이 된다. 이는 곧 거래 품목과 범위가 매우 제한적일 수밖에 없다는 것을 의미한다.

또한 이는 우리가 아주 가난해진다는 것을 뜻한다. 중세 시대 사람들이 가난했던 이유 중 하나는 가까이 사는 사람들하고만 거래했기 때문이다. 자급자족은 결국 빈곤을 부른다.

『국부론』을 집필할 때, 스미스는 멀리 떨어진 사람들과 거래하는 인간의 행동에 관심을 가졌다. 그의 책에서는 대부분 소위 국제 무역이라 불리는 분야를 다루고 있지만, 그렇다고 외국과의 무역만 다룬 것은 아니었다. 그는 국내외를 막론하고 모르는 사람들과 맺는 온갖 유형의 거래를 다루었다. 이러한 거래들을 염두에 두면서 글을 쓸 때는, 사람들이 기본적으로 이기적이라고 보는 것이 최선이다. 그래서 스미스는『국부론』에서 인간의 이기적인 측면을 강조했던 것이다.

그런데 타인과의 교류는 상업이나 물질적인 의미를 훌쩍 뛰어넘는다. 우리는 친구나 가족들과 함께 소소하게 많은 관계를 맺고 살아간다. 스미스가『도덕감정론』에서 연구한 대상은 바로 그 관계 속에서의 교류다. 형제자매, 부모, 사촌이나 직장 동료, 교회 신자나 자전거 클럽 회원, 헬스클럽 회원들끼리 맺는 그런 관계 말이다. 그러니 이런 감성적인 관계를 다루면서 인간이 온전히 이기적이라고 전제하는 것은 말이 안 된다.

스미스는 인간이 성인군자라고 생각하지 않았다. 그는 인간이라는 존재를 정확하게 이해했다. 물론 친한 사람들과 1대1로 접촉할 때조차, 자기 자신에게 더 많은 신경을 쓰는 게 인간이다. 그러나 우리는 나와는 전혀 상관없는 사람들에 대해서도 관심을 기울인다. 가끔은 아주 많이 관심을 갖기도 한다. 그리고 스미스가 콕 집어 설명했듯이, 남들이 나에 대해 어떻게 생각하는지에 대해서도 확실히 신경을 쓴다.

상황에 따라 달라지는 관계들

『도덕감정론』은 『국부론』과 단지 초점이 다를 뿐이다. 『도덕감정론』은 인간의 본성이나 행동 방식에 대한 색다른 이론을 제시하지 않는다. 그리고 인간성에 대해 낙관적인 시각도 제시하지 않는다.

이 책은 인간의 관계 맺기에 대한 색다른 영역을 다루고 있다. 『도덕감정론』과 『국부론』의 저자 애덤 스미스는 실제 사람들의 행동 방식 그 자체에 관심을 두었다. 이렇게 상황에 따라 달라지는 인간 행동을 다뤘기에, 두 책에서 말하는 인간의 성향이 다르게 느껴지는 것은 당연하다. 가까운 사람 간의 관계를 다룬 『도덕감정론』과 상품의 생산과 교역을 다룬 『국부론』에 나타난 사람들의 행동 방식은 완전히 다르다. 결론적으로 이 두 책에서 말하는 영역은 삶에서 서로 아주 다른 범위에 있다.

이렇듯 별개의 책에서 별개의 영역을 다룬 스미스의 선견지명 덕분에, 우리는 인생에서 우리가 어떤 일을 겪게 되고 그때마다 어떻게 대처해야 하는지 깨달을 수 있다.

어릴 때 우리는 부모의 보호를 받으며 성장한다. 부모는 자식을 잘 입히고 먹이는 데 빈틈이 없고, 비와 바람으로부터 자식을 보호하고, 자라면서 겪는 예기치 못한 충격을 완화시켜준다. 부모는 거리낌 없이 자식과 모든 것을 나눈다. 가정에서 이뤄지는 형제자매들 간의 평등이야말로 이상세계가 실현되는 좋은 예가 아닐까 싶다. 이를 통해 나와 내 형제들은 똑같은 크기의 케이크를 먹고 차례대로 돌아가면서 장난감을 갖고 놀 수 있다.

적어도 어렸을 때는, 가정 안에서의 상업적인 삶이란 존재하지 않는다. 아이들에게는 집세도, 밥도, 옷도 공짜다. 게다가 모든 아이들이 평등하다. 경제학자 월터 윌리엄스Walter Williams가 얘기했듯이, 가정은 사회주의의 천국이다.

훌륭한 부모라면 아이들이 스스로 두 발로 서게끔 돕는다. 두 발로 선 아이는 자신이 이상하고도 낯선 세상에 서 있음을 깨닫는다. 앞으로 아이는 스스로 살아가야 한다. 그러자 갑자기 사방에 위험과 불확실한 상황들이 나타나기 시작한다. 좋은 일자리를 얻기 위해, 좋은 기회를 움켜쥐기 위해 주위 사람들과 경쟁을 해야 한다. 아쉽게도 이런 경쟁에서는 불공평한 결과를 얻는 경우도 다반사다.

반면 우리는 친구에게 저녁을 만들어주기도 하고, 친구가 이사를 갈 때 기꺼이 돕기도 한다. 친구라는 존재는 가정생활과 비슷하게 안락하고 편안한 느낌을 준다. 직장에서도 동료와 친구가 될 수는 있지만, 그런 관계에서는 보통 이익과 경쟁 우위, 자신만의 강점을 찾으라는 조언을 더 많이 들을 것이다.

나라 반대편에 있는 사람이나 부품 제조업자에게 전화를 걸 때면, 내 행복에 무관심한 타인을 상대하게 된다. 물론 이러한 상황에서도 이기심을 제한하는 문화적 규범이 존재한다. 점원이 고객을 친절하게 대하는 것도 이 때문이다. 고객에게 불친절하게 대하면, 그 고객이 경쟁사 제품을 선택할 수 있다는 위협을 느끼는 것이다. 하지만 동시에 고객한테는 그저 친절한 척만 해도 된다는 사실을 알고 있다.

상업적 세계에는 가혹하고 냉혹한 무언가가 존재한다. 이점을 깨달은 훌륭한 관리자들은 서로 신뢰하는 훈훈한 환경을 만들기 위해 부단히 노력한다. 그러나 그 어떤 오리엔테이션이나 사내 복지도 그들을 진짜 가족으로 만들지 못한다. 그러므로 고객의 친구가 되고 싶다는 은행의 카피 문구는 거짓말이다.

우리가 불가피하게 상업적 관계를 맺을 때는 물리적, 감정적으로 타인과 거리를 두게 된다. 스미스가 『국부론』에서 말한 전문화와 교환이라는 경제의 특징 때문이다. 나와 경제적으로 교류하는 수많은 사람은 너무 멀리 떨어져 있기 때문에, 나는 결코 그들을 만날 수 없다. 그럼에도 불구하고 내가 그들을 믿는 것은 오로지 평판에 대한 걱정, 거래를 반복하고자 하는 욕구, 그리고 사기와 절도에 대한 법적 제재 때문이다.

경제적 상호작용을 시작하는 동시에 결혼을 하고 가족을 꾸린 사람이라면, 두 세계 간의 극명한 차이를 확실하게 느끼게 된다. 사랑하는 배우자와 자녀들, 그들과 만들어가는 세계는 따뜻하다. 반면 손익 계산에 따라 협력이 이루어지는 이해타산적인 세계는 차갑기 그지없다.

우리 삶에는 이렇게 두 개의 다른 세계가 존재한다. 그러나 우리는 그 두 세계의 차이를 받아들일 준비를 미리 하지는 않는다. F.A. 하이에크가 자신의 저서 『치명적 자만The Fatal Conceit』에서 지적했듯이, 현대인이라면 누구나 동시에 두 세계에서 살아야 한다.

하이에크에 따르면, 사람들은 사회생활을 가족생활처럼 만들고 싶어 한다. 가족의 평등한 문화를 사회 전체로 확대함으로써, 사회와 경제를 또 다른 버전의 가족으로 만들려고 한다는 주장이다. 하이에크는 그러면서 사회를 가족처럼 만들려는 시점에 바로 독재가 탄생한다고 경고했다.

스미스가 하이에크의 경고에 동의했을지는 잘 모르겠다. 1759년은 사회주의나 공산주의가 없던 때였으니까. 그러나 스미스는 인간이 가까운 관계를 넘어서 자신의 사랑과 관심을 확대할 수 없다고 생각했다.

스미스가 하이에크와 생각을 같이 한 부분도 있다. 인간은 유력한 지도자들을 우러러보고 존경하며, 자신의 운명을 맡기고자 한다는 것이다.

인간은 태어나면서부터, 그리고 가족의 울타리를 벗어나면서부터 부모 같은 존재와 안전을 갈망한다. 문제는 히틀러나 스탈린 같은 사람들이 절대 우리의 부모가 될 수 없다는 데 있다. 그런 사람들은 우리를 자식처럼 사랑해주지 못한다. 오히려 우리의 그런 열망을 악용한다. 스미스와 하이에크는 바로 이 점을 경고했던 것이다. 정치적 유력자를 향한 우리의 열망이 얼마나 위험한지 말이다.

인생이 주는 혜택을 제대로 누리려면

안타깝게도 『국부론』에 담긴 스미스의 통찰력은 지금까지도 완벽하게 이해되지 못한 것 같다. 우리는 아이들에게, 심지어는 경제학과 학생들에게도 현대 생활을 지탱해주는 요인에 대해 제대로 가르쳐준 적이 없다. 모르는 사람들과 경제적 교류를 할 수밖에 없는 현대의 경제생활을 제대로 이해하는 사람이 몇이나 될까?

그리고 이런 관계 속 인간의 본성은 이기적일 수밖에 없다는 진리를 아는 사람이 몇이나 될까? 그래서인지 현대 경제의 기초가 되는 전문화와 교환에 대해 비인간적이라고 적개심을 갖는 사람들이 적지 않다.

물론 스미스도 상업적 생활을 낭만적이라고 생각하지 않았다. 오히려 그는 『도덕감정론』에서 돈을 추구하는 성향을 세속적이라고 폄하하기도 했다. 야심과 물질적인 부에 대한 욕망이 인간의 영혼을 좀먹을 수 있다는 그의 생각은 분명히 옳다.

하지만 실제 전문화와 교환이 갖는 의미가 단순히 경제를 탄생시킨 것 이상이라는 것을 감안하면, 스미스는 전문화와 교환을 오히려 과소평가한 듯 보인다. 전문화와 교환이 우리 삶을 얼마나 획기적으로 바꾸어놓을지 몰랐기 때문이다.

스미스는 18세기 중엽, 산업혁명이 막 시작한 단계에 글을 쓰고 있었다. 그는 혼자 핀을 만드는 장인이 아니라, 핀 공장의 생산성에 큰 감명을 받았다. 그가 현대의 핀 공장을 봤다면 어땠을까? 아니 자동차 공장을 봤다면? 아마 너무 놀라서 아무 말도 못 했을 것이다. 그는 정보 혁명이 만들어내고 있는 놀라운 현상들 역시 예측하지 못했을 것이다. 1759년에는 폭발하는 인간의 창의성과 혁신이 만들어내는 경제 분야가 탄생할 기미조차 보이지 않았다.

전문화의 부정적 면모는 1759년에 핀 공장에서 일하는 노동자에 의해 일찌감치 드러났다. 당시 핀 공장의 노동자는 쾌적하지 못한 공장의 한편에서 하루 종일 철사만 반복적으로 펴야 했다. 반면, 전문화의 긍정적 면모는 그로부터 몇백 년이 지나 로봇 전문가에 의해 비로소 드러났다. 로봇 전문가로 인해 외과의사는 환자의 환부를 완벽하게 제거한다. 외과의사가 하루 종일 수술을 해도 언제나 완벽한 결과가 나오는 것은 전문적인 지식으로 탄생한 로봇 덕분이다.

결국 스미스는 전문화의 부정적 면만 확인하고, 긍정적 면모는 깨닫지 못했다. 한마디로 경제생활이 점점 더 쉬워지는 과정을 예측하지 못했던 것이다. 그리고 현대의 경제로 인해 사람들이 각자의 일에서 의미를 찾고 흥분을 느끼는 과정도 예측하지 못했다.

수십억 명의 생활이 점점 편리해지는 세상에 인간적인 설렘까지 더해지면 더할 나위 없이 좋겠지만, 아쉽게도 이런 세상 속에 가족이나 지역 사회가 주는 살가움은 존재하지 않는다. 그러나 좋은 점도 분명 있다. 덕분에 수명이 길어지고 인간의 창의성도 비약적으로 발전할 수 있으니까. 그 덕에 나는 주머니 속에 수백 곡의 음악을 넣어 다닐 수 있고, 건강을 위해 내 유전자 정보를 활용할 수 있고, 인터넷을 통해 수천 명의 사람들과 교류할 수 있다.

나는 우리가 현대 생활의 기적을 탄생시킨 전문화와 교환의 역할을 제대로 인정한다면, 그것의 불완전함에 대해 한결 너그러워질 수 있으리라 생각한다.

끝으로, 경제가 우리 삶에 선사하는 갖가지 풍요로운 혜택을 계속 누리려는 사람들에게 이것만큼은 꼭 얘기하고 싶다. 우리는 모든 상품의 거래 시스템이 모르는 사람들과의 거래로 이루어질 수밖에 없다는 점을 인정해야 한다. 물론 어떤 사람들은 이러한 거래에서도 얼굴을 마주하고 싶을 수도 있다. 그러나 전문화의 세계에서는 얼굴을 못 볼 만큼 머나먼 거리의 사람들이 중요한 역할을 할 수밖에 없다.

다행히도 나는 심장판막, 자동차, 혹은 아이폰을 만드는 기업의 CEO를 사랑할 필요가 없다. 그 기업의 CEO 역시 나를 사랑할 필요가 없다. 인간적 교류가 전혀 없음에도 불구하고 여러 기업의 CEO들은 분명 내 삶을 더욱 윤택하게 만들어준다. 이 정도면 충분히 훌륭하지 않은가. 그들 사이에서 사랑과 따뜻한 관계를 찾겠다고? 사랑과 따뜻한 관계는 가까운 데서 찾으면 된다. 우리 곁에는 늘 소중한 사람이 존재하니까. 그러니 사랑은 가까운 곳에서 찾고, 거래는 전 세계적으로 확대하자.

애덤 스미스는 옷걸이에서 내 코트를 집어 들더니, 그 사이 보송하게 마른 것을 보고 흡족해했다. 그는 내가 코트 입는 것을 거들어주었다. 그리고 자애롭고 예의 바른 사람답게 문까지 나를 배웅해주었다. 문간에서 나는 다시 한번 그에게 고맙다고 말했다.

그가 준 모든 것이 고마웠다. 그의 생각과 영감을 듣고 그의 통찰력이 고스란히 인쇄된 책을 읽으며 함께한 모든 시간이 감사했다. 그의 집에서 나오니 칠흑처럼 어두운 밤이었다. 비는 그쳤고, 옅은 안개가 대기를 가득 메우고 있었다. 갑작스러운 한기에 살짝 소름이 돋았다. 그때 스미스가 내 옆으로 다가왔고 우리는 서로에게 따뜻한 작별 인사를 건넸다.

문이 닫히고 빗장이 걸리는 소리가 들렸지만, 쉽게 발길이 떨어지지 않았다. 그가 촛불을 들고 계단을 올라가는 모습을 상상했다. 아니나 다를까 위층 창문을 통해 희미하게 깜박이는 불빛이 보였다. 아마도 잠자리에 들 준비를 하고 있는 것 같다. 아니면 잠깐 책을 읽을지도 모른다. 그가 있을 방의 창문을 올려다보았다. 그리고 내 인생을 풍부하게 만들어준 그의 통찰력을 생각하며 불이 꺼지길 기다렸다. 드디어 불빛이 꺼지면서 그의 방이 어두워졌다.

어두워진 방을 향해 나는 "안녕히 주무세요, 친구여"라고 작게 말했다. 그리고 옷깃을 세우고 집으로 향했다.

옮긴이 **이현주**

서울대학교 인문대학 서양사학과를 졸업하고 매일경제신문사 편집국 편집부에서 근무했다. 현재 인트랜스 번역원 소속 전문번역가로 활동하고 있다. 옮긴 책으로는 『대중의 직관』『담대하라, 나는 자유다』『넥스트 컨버전스』『증오의 세기』『음식은 자유다』『위대한 연설 100』『슈퍼클래스』『유혹과 조종의 기술』『뉴미디어의 제왕들』『위닝포인트』『매력자본』『X 이벤트』『당신은 전략가입니까?』『펭귄과 리바이어던』『살면서 한번은 묻게 되는 질문들』『상상하면 이긴다』등이 있다.

내 안에서 나를 만드는 것들
지금 가까워질 수 있다면 인생을 얻을 수 있다

초판 1쇄 발행 2015년 10월 27일
개정판 1쇄 발행 2024년 8월 20일

지은이 러셀 로버츠
옮긴이 이현주
펴낸이 최동혁

펴낸곳 ㈜세계사컨텐츠그룹
주소 06168 서울시 강남구 테헤란로 507 WeWork 빌딩 8층
이메일 plan@segyesa.co.kr **홈페이지** www.segyesa.co.kr
출판등록 1988년 12월 7일(제406-2004-003호)
인쇄·제본 예림

ⓒ 러셀 로버츠, 2015, Printed in Seoul, Korea

ISBN 978-89-338-7240-6 03100